JN102250

40歳からの
転職
成功メソッド

自己の価値を高める
戦略的な準備と対策

キャリアカウンセラー
「中高年の転職の悩み相談室」室長
中谷充宏 監修

中高年にとって
千載一遇のチャンス到来！

　転職市場では、35歳を境目に転職成功率が下がるという「35歳限界説」というのが、常識とされてきた時期がありました。

　また皆さんも実体験してきた「氷河期」、「超氷河期」と言われた時期があったように、この時期は企業側が採用を大幅に控えたこともあって、中高年の転職は非常に厳しい状態が続いていました。

　しかし、少子高齢化に伴い労働人口が激減、またコロナ禍の収束もあり、今や中高年の転職状況が大きく好転しています。筆者は約20年も前から、中高年を対象としたマンツーマンの転職支援サービスを展開していますが、日々、クライアントと向き合う中で、今までなら年齢の壁に阻まれてしまい、門前払いされるのが必至と予測していた中高年がスルッと書類選考を通過したり、さらには若年者対象と見受けられる求人企業に採用されたりと、以前では考えられないことが起こっているのを目の当たりにするようになりました。

　このような年齢の壁のみならず、この年代にありがちな転職回数が多い、前職を短期で退職した、長期間のブランクがある、といったハンディを背負っている人でも、採用されるケースがたくさん出てきています。

　まさに今、中高年にとっては千載一遇のビッグチャンスが巡ってきていると言えます。

1万人を超える転職支援の
ノウハウを全て公開

　とはいえ、実力や経験は申し分ないのに、なかなか転職が決まらない、という人もいらっしゃいます。

　その最大の要因は、ズバリ「転職スキル」の欠如。明るい兆しが見えてきたとはいえ、競合ひしめく中高年の転職市場において、勝ち抜くには、この「転職スキル」を体得しておく必要があるのです。

　例えば、転職理由を聞かれた場合、あなたならどのように回答しますか？

　嘘をついても仕方がないと本音ベースで現職の不平不満をオブラートに包んで説明すればいいのか、はたまた使い古された「キャリアアップ、スキルアップのため」とでも言っておくべきなのか、即座には判断できないでしょう。転職は属人的要素が強く、面接官によっても受け取り方が違うこともあって、正解を導き出すのが難しい、そこで本書の出番なのです。

　本書では対象者を中高年に絞り込み、実用的かつ具体的な内容に仕上げ、何百万円も年収が上がるといった、胡散臭い話には一切触れていません。

　少しでも希望に近づけるための、具体的で実践的な転職ノウハウを、包み隠さずに公開しています。ですので、どの章であっても読み終えたらすぐに実践に移すことが可能です。

　筆者の豊富な中高年の転職支援の経験・実績から、転職に悩むこの世代に伝えたいことは、戦略的に諦めずに着実に転職活動に取り組めば、間違いなく成果は得られるということです。「なるほど、良いことを知ったな」で終わってはいけません、すぐに行動に移すことです。ぜひ本書を読み込んで「転職スキル」を身につけて、成功転職を実現させてください。

キャリアカウンセラー
「中高年の転職の悩み相談室」室長
中谷充宏

40歳からの転職成功メソッド
自己の価値を高める戦略的な準備と対策

CONTENTS

CHAPTER 3
45
通る！ 履歴書・職務経歴書にするコツ

95 CHAPTER 4
ミドル層のための面接対策

96 ミドル層が押さえておきたい面接の鉄則

面接は「話す」より「伝える」を／体調管理は食生活から／
「予想される質問」への返答を書き出す／
「困難な質問」に対する対策を強化しよう／
余裕をもって会場へ！ 1時間前到着を目指す／
ほどよい緊張感が良い成果を生む／話す速度は「やや遅め」にする／
相手の目を見て身振り手振りは控えめに／逆質問は必ず用意／
オンライン面接成功の秘訣

自分をうまく伝える答え方

業界・企業・業種への本気度が伝わる答え方

項目

本書では40〜50代のミドル層が転職活動で成功するためのコツを、「書類作成」「面接」の両面から解説しています。知りたい項目から読み進めていきましょう。

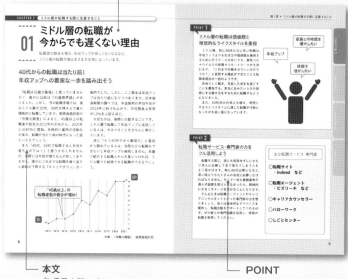

本文
各項目を詳しく
解説しています。

POINT
特にポイントになる内容をピクトグラムやチャート、図表などでわかりやすく解説しています。

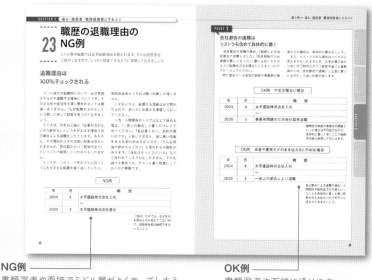

NG例
書類選考や面接でミドル層がよくやってしまうミスや間違いを具体的な例文で紹介しています。

OK例
書類選考や面接に通りやすい文例や会話例を紹介しています。

CHAPTER
1

ミドル層が
転職する際に
注意すること

01 ミドル層の転職が 今からでも遅くない理由

転職者の割合も増え、年収アップが珍しくなくなるなど、
ミドル層の転職市場はますます活発になっています。

40代からの転職は当たり前！
年収アップへの着実な一歩を踏み出そう

　「転職は35歳が最後」と思っていませんか？　確かに以前は「35歳限界説」がありました。しかし、今の転職市場では、実はミドル層が20代、30代を押さえて最も積極的に転職しています。総務省統計局の「労働力調査」によると、45歳以上の転職者の割合は2012年の31％から、2021年には40％に増加。本格的に雇用の流動化が進み、転職が当たり前の時代になった証といえるでしょう。

　また「40代、50代で転職すると年収が落ちるのでは？」と思うかもしれませんが、実際には年収が増える人が珍しくありません。確かにこれまでは転職を繰り返すと給料が下降する「キャリアダウン」が一

般的でした。しかし、ここ数年は年収アップは当たり前になりつつあります。日本経済新聞の調べでは、中途採用の平均年収が2023年に約３％上がり、平均賃金上昇率の1.2％を上回るほど。

　大切なのは、実際に行動することです。ミドル層で転職して年収アップに成功している人は、やるべきことをきちんと実行しています。

　逆に「もう40代だから無理だ」と最初から諦めている人は、当然ながら転職もできないし年収アップも実現しません。本書で紹介する転職スキルを身につければ、ミドル層でも納得できる転職ができるでしょう。

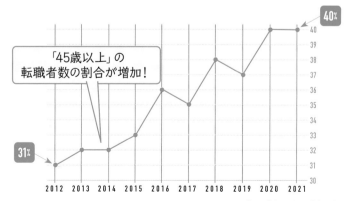

「45歳以上」の
転職者数の割合が増加！

出典：「労働力調査」（総務省統計局）

POINT 1

ミドル層の転職は価値観と理想的なライフスタイルを重視

ミドル層、特に50代の方に多い転職は、年収アップよりも生き方や価値観を重視するために行うケースが多いです。新型コロナウイルスの影響でリモートワークが主流になり、「これまでの働き方でいいのだろうか？」と自問する機会ができたことも転職者増加の一因のようです。

自分らしく働き、充実した余生を過ごすことを優先する。本当に歩みたい人生や理想とする働き方をするために転職するようになりました。

また、50代向けの求人も増え、理想とするライフスタイルに適した転職が可能になったのも追い風になっています。

家族との時間を増やしたい

年収アップ

技術を活かしたい

POINT 2

転職サービス・専門家の力をフル活用しよう

転職する際に、誰にも相談せずにいきなり求人に応募して全て落ちてしまう人をよく見かけます。特に40代以降になると、若い頃よりもたくさんの会社に応募しなければなりません。そこで一社も書類選考が通らず面接を受けられなかったら、精神的に大きくダメージを受けることになります。

そんなときは転職エージェントやキャリアコンサルタントといった専門家の力を借りましょう。彼らは具体的なアドバイスを提供し、転職活動をサポートしてくれるはず。ぜひ彼らの専門知識を活用し、理想の転職を実現してください。

主な転職サービス・専門家

○**転職サイト**
・indeed　など

○**転職エージェント**
・ビズリーチ　など

○**キャリアカウンセラー**

○**ハローワーク**

○**しごとセンター**

CHAPTER 1

CHAPTER 2

CHAPTER 3

CHAPTER 4

02 転職を考えたら 何からはじめたらいい?

転職を決めたら早めに準備をして、
最初から専門家に相談するのがベストです。

40代からの転職は当たり前!
年収アップへの着実な一歩を踏み出そう

　転職を決めたら、Web上で自分に合いそうな求人を探すところからはじめましょう。仕事内容や待遇・条件などで良いものがないか調べます。

　同時に自己分析をする人もいるでしょう。ところが、ミドル層は新卒や20代が行うような、強みを見出したりやりたいことを探したりする自己分析はほとんど意味がありません。むしろ、「なぜ今転職するのか」「条件が悪くなっても転職するのか」といった本気で転職するかを自分に問うことが重要です。

　覚悟が決まったら履歴書・職務経歴書を作成し、面接対策をし、さまざまな求人へ応募します。しかし、何十社応募しても通過できない現実に直面することになるでしょう。ここで不安に押しつぶされそうになるケースが非常に多いのです。

　そのときに助けになるのが、転職エージェントやキャリアコンサルタントといった人たちです。彼らのような専門家のところへ相談に行けば、豊富な経験をもとに的確なアドバイスがもらえます。間違いのない転職活動ができるようサポートしてくれるはずです。

　そう考えると、転職を決めた段階で最初にすることは、彼らのところへ行くのがもっとも確実と言えるでしょう。

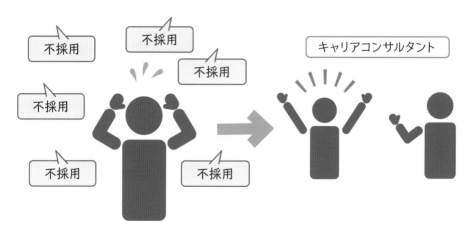

不採用　不採用　不採用　不採用　不採用　不採用　キャリアコンサルタント

POINT 1

ミドル層の
転職活動の進め方

転職を決意

自己分析をする

給料・勤務地・勤務時間などのなかで、ゆずれる条件・ゆずれない条件を洗い出していきましょう。なかでも最も大事なのは「本当に転職する必要はあるのか?」と自問することです。

転職サイト・転職エージェントに登録

Web上にある大量の求人情報の中から最適な求人を探すには、「Indeed」を使うのがおすすめ。希望条件を登録しておけば、毎日メールで知らせてくれる。また、ハイクラス層に限るがビズリーチなどの転職エージェントも適した求人が見つかったら提案してくれるので便利。

Webで求人を見る

Web上にはたくさんの求人情報が存在します。その中から転職したい業界の会社が出している求人を見て、どんな職種や条件で求人があるのか調べましょう。

キャリアコンサルタントに相談

キャリアコンサルタントは、転職者の経験やスキル、価値観を客観的に見て、最適な求人を一緒に探してくれる頼もしい存在。企業の人事部門から人材紹介、人材派遣など、幅広い場で活躍している人が多いので、最短で最高の結果を出せるよう支援してくれます。

履歴書・職務経歴書の準備・作成

これまでの経歴を振り返り、キャリアの棚卸しをして、経歴や能力・職務経験・志望動機・自己PRなどを作成しましょう。

面接対策

面接対策は転職を成功させる上でもっとも重要です。ほとんどの人がその場のノリで思いつくまま話せばなんとかなると思っているので、面接対策さえすればその分抜きん出られます。

面接

面接は2～3回ほど実施される会社が多いです。基本的に1対1形式がメイン。新型コロナウイルス対策以降、オンライン面接も活発に行われるようになってきたので、オンラインでのやりとりであたふたしないよう練習しておくことが大事です。

エントリー

書類の準備できたら早速応募しましょう。求める条件をすべて備えた求人はなかなかないので、許せる範囲でたくさんエントリーするのが転職成功のコツです。

内定

書類選考・適性検査

書類選考ではみんな良いことしか書かないから、採用人事は最初からすべてを疑ってかかっていると思っておいて間違いありません。適性検査でもっとも有名なのがSPIで、対策本も出ているので検査前にあらかじめ読んでおくと良いでしょう。

退職・入社

退職するときには円満退社を目指しましょう。上司ときちんと話し合い、仕事の引き継ぎをする期間を考えて退職日を決め、迷惑がかからないように配慮します。お世話になった人たちに挨拶をして、新しい会社に出勤するようにしましょう。

CHAPTER 1
CHAPTER 2
CHAPTER 3
CHAPTER 4

03 もう若手ではないという現実を見て転職活動をしよう

転職成功のカギは前向きに行動することです。
普段からやらない人は、いざ転職しようと思っても苦戦します。

キャリアアップの秘訣は「やる」か「やらない」かの違い

　長年、転職活動の支援をしてきてわかったことがあります。40代以降に限らず転職活動で結果を出す人とそうでない人の差は、実は「やる」か「やらない」かの差でしかありません。「どうすればキャリアップできるだろう?」と転職に対して前向きに「やる」選択をしてきた人と、「スキルも資格も経験もないから転職できない」と「やらない」選択をしてきた人とでは、雲泥の差があるのです。

　「やる」人は行動にともなって評価されていくから、仕事のスキルも高く、転職するたびに着々と年収をアップさせます。そういう人は中卒だろうが、高卒だろうが、着実にキャリアアップして年収を上げています。

　一方、「やらない」人は普段から行動し

ないからスキルも身に付いていないし、資格も持っていないことがほとんど。いざ転職しようとしても自分の売りが見つからず苦戦します。転職できたとしても仕事の質も年収も下がる「キャリアダウン」を強いられることに。転職するたびに仕事も年収も下がる悪循環におちいってしまいます。

　40代以降は若い人と違って能力の伸び代も少なく体力もありません。この現実を受け入れた上で、どうすればより良い転職ができるかを前向きに考えるマインドが重要になります。もし今、資格も売りになるものもない、という人は半年後、1年後に転職すると目標を決め、それまでに今の仕事に関連する資格を取るなど、売りを作りましょう。

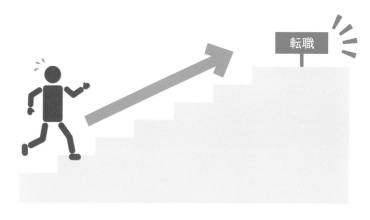

転職

POINT 1

これからの転職市場は
求人が増えて追い風が続く

　2023年に入ってからは、40代以降を含め転職市場全体で求人数が増えて活性化しています。平均給与額も上昇し、転職率も上がってきているので、きちんと取り組めば結果が出やすい状況です。

　特にベテランのニーズが高まっているのでミドル層にとってチャンスです。その理由は、事業拡大にともなって組織強化を図りたい企業が、技術力や経験のある年齢層を採用しようとしているから。

　中でも、リーダーやマネジメント経験者は特に重宝されるでしょう。(出典：doda（デューダ）「転職市場予測2023上半期」より) しっかり転職活動に取り組めば、結果は出る状況なのです。

　ただし、転職スキルを身につけ、良い条件で転職できたとしても、転職先で長続きできるかは別の話。本来であれば、転職後も含めて転職を考えるべきですが、転職することに精一杯でなかなかその先まで考えられないものです。

　しかし、転職後もキャリアップしていきたいのなら、「本当にこの会社に転職して大丈夫なのか？」を自問してみましょう。転職は企業から選ばれるものだと思いがちですが、こちらからも相手の企業を「選んでいる」という対等の立場であることは常に意識しておきましょう。

POINT 2

転職を成功させる
学びの瞬発力が大事

　求人の中には、特定のソフトの使用経験が必須の場合があります。

　たとえば、動画編集ソフトを使った経験が必要だとしたら、20代は急いでオンライン講座を受けたりスキルの高い人に付いたりして必死に学び、面接時にしっかりアピールするでしょう。ところが40代以降になると、そこまでやる人はほとんどいない。これが年齢の差です。

　しかし、心から転職したいと思っている人ならきっと取り組むはず。人は切羽詰まったらなんでもやるものですから。その点でも転職に対する本気度が表れてきます。

04 ミドル層の転職活動の成功例、失敗例

転職してポジションも収入もアップさせている人もいれば、転職するたびに条件が悪くなり収入が減る人もいます。その違いは何でしょう?

キャリア貯金を積んでいる人は転職活動に成功しやすい

多くの人は40代以上で転職すると、条件が悪くなり収入も減るのが当たり前と思っているかもしれません。ところが、転職するたびに良い条件と収入を獲得できている人がいるのも事実です。

ミドル層の転職希望者で、希望の転職ができて年収をアップさせている人の特徴は、「キャリア貯金」をたくさんしていることです。転職に有利なマネジメント業務に携わり、経験からスキルを身につけ、資格を取得する。私はこれらを「キャリア貯金」と呼んでいます。

キャリアアップのために必要なことをきちんと積み重ねることが何より大事です。キャリア貯金がある人は、転職市場では本当に強いです。彼らは転職活動をしなくても、企業側から良いポジションと良い年収でオファーが来るほどです。

一方で転職がうまくいかない人もいます。例えば、転職回数が多過ぎる人は、正直なところ面接官の受けは良くありません。「この人はうちに転職してきてもすぐに辞めてしまうのでは?」と警戒されるからです。

そんなときは変な言い訳をせずに過去のことは認めた上で、素直に「御社では心を入れ替えてがんばりますのでチャンスをください」と伝えた方が好印象。誠実さをきちんと伝えることが転職を成功させる秘訣になります。

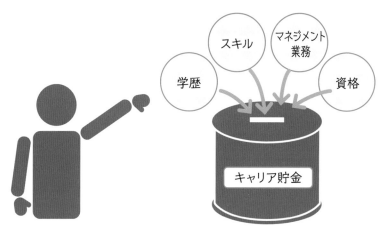

POINT 1

ミドル層によくある失敗例

① 履歴書・職務経歴書を きちんと書かない

履歴書や職務経歴書は当たり前のことを当たり前に書けば良いですが、いくつかマナーがあるのも事実。経歴に西暦と和暦を混在させてしまったり、株式会社を略字で(株)と書いてしまったりするのはNGです。

また、学歴欄はどこまでさかのぼるか迷うかもしれません。基本的にどこから書いても間違いではありませんが、ミドル層では最終学歴から書くのが一般的になりつつあります。PRに有効かどうかを基準にして判断しましょう。特定の職種では中学・高校まで書くことで有利になることもあります。ローカル企業へ応募する場合は地元で育ったことをアピールできるため、小学校までさかのぼって書くのは有効になることがあります。

② 求人の内容・条件を しっかり確認しない

転職活動では履歴書や職務経歴書のフォーマットを使い回して複数の企業へ送ることになります。特にミドル層の転職活動は多数の企業へ応募するため、求人の内容をきちんと読まないまま流れ作業になりがち。

求人をしっかり読まないまま送ると、求人の内容とは関係のない別の職種の志望動機を書いて送ってしまうという悲劇が起こります。たとえば、人事系の求人なのに履歴書の志望動機欄に「経理が志望です」と書かれてあったら間違いなく落ちるでしょう。応募するときには、一つひとつの求人の内容をしっかり読んでそれに応じた履歴書・職務経歴書を丁寧に作ること。当たり前のことですが、できていない人は意外と多いです。

③ 面接官の話を ちゃんと聞いていない

面接官に「転職回数が多過ぎること」や「1年以上のブランクがある」、「入院歴がある」といった「ネガティブ要素」について聞かれることがあります。

このときに面接官の意図を理解できず、苦し紛れに適当なことを言ってしまう人がいます。

たとえば、「転職回数が多いことはどう考えていますか?」と質問されて、「転職した分だけ多くの職場と仕事を経験しているので適応力があり、仕事も早く覚えられます」と回答してしまうのは逆効果。面接官はどれだけひとつの仕事の経験と知見を深めてきたのかを知りたいのです。

ネガティブ要素に関してはあらかじめ回答を準備しておきましょう。

④ 面接の対策が できていない

「書類選考なしで面接に進める」という求人はありますが、書類選考のみで面接なしというケースはありません。それだけ企業は面接を重視しています。

履歴書や職務経歴書は、事前に手間をかけて専門家に添削してもらえば完成度を高められます。

しかし、面接は当日の会場でひとりだけで頑張らなければなりません。そのため多くの人は、何の対策をせずに面接を受けているのが現実です。

逆に面接対策がしっかりできていれば、他の転職希望者に差をつけて転職を成功できるということです。本書では面接対策についても紹介しているので、しっかり読んで対策しましょう。

05 転職には「仕事スキル」ではなく「転職スキル」が必要

転職を成功に導くには仕事ができるというプライドを捨て
転職スキルを身につけましょう。

転職スキルを身につければ年収3割アップも狙える！

仕事ができるからといって、転職活動を開始ししてすぐに転職先が決まると思いきや、実際にはまったく違います。「仕事ができる」というプライドがあるせいか、転職条件を高望みしがちで、なかなか該当する求人が見つかりにくいケースが見られます。また、「仕事ができる」という驕りから無意識に傲慢な対応をしてしまい、面接官に悪い印象を与えてしまうこともあります。

これまでの長年にわたる転職支援の中で、私は高い仕事のスキルを持っているにもかかわらず、なかなか転職できない人のパターンを何度も見てきました。そのほとんどは単に「転職スキル」がないのが原因です。

転職スキルとは、「仕事スキル」とは違います。優れたプレゼン力で自分を高く売ることであり、転職活動でライバルたちに差をつけ勝ち抜くスキルのこと。長い経験を持ち、確かな技術はあるけれど、プレゼン能力やコミュニケーション力という転職スキルがないだけで、良い条件で転職できなかったり、年収をアップできなかったりする可能性があります。面接時には、面接官から質問されたことに正直に回答するのが基本です。しかし、言い方や言い回しなどには細心の注意と工夫が必要です。

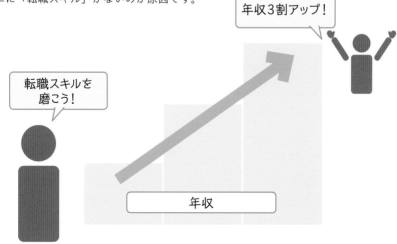

年収3割アップ！

転職スキルを磨こう！

年収

POINT 1

あり得ないミスをしないことも 転職スキルのひとつ

書類審査の際には、履歴書と職務経歴書はあなた自身を表現する大切なツールです。傑出した経歴と優れたスキルを表現し、プロフェッショナルであることを採用担当者に示すものです。

にもかかわらず、誤字脱字をしてしまう人がいます。誤字脱字があると、「細部にまで注意が行き届かない人物」と相手に認識され、信頼性を損なう可能性があります。挙句の果てに、「本当に転職する気があるのか」とすら疑われてしまうでしょう。

資料は丁寧に作り込み、何度も読み直して、可能であれば信頼できる第三者にチェックしてもらいましょう。

> 求人内容をきちんと確認しなかった！

> 志望動機を使い回していた！

NG例①

求人に応募しても 書類を送らない

Webサイトから応募はするけれど、半分以上の人は履歴書や職務経歴書といった必要書類を送付しないという事実をご存知ですか？　申し込みフォームから気軽に応募できるようにはなりましたが、その分「書類を送らなければいけないならいいや」と、諦めてしまう人も残念ながら増えました。逆にいえば、ここでしっかり書類を作ってすぐに送ったら、それだけで採用担当者の評価はグンとアップするということ。当たり前のことをきちんとできる人が、転職活動で良い結果を出るということです。社会人としての常識をもって転職活動をしていきましょう。

NG例②

嘘ではないけれど 盛りすぎる

自己PRする際に、必要以上にたくさんのスキルがあることを誇張する人がいます。「チームリーダーとして数多くのメンバーをまとめてきた経験から、リーダーシップがありコミュニケーション能力が高くマネジメント力もあります」というように「非の打ち所がない人」アピールです。あまりにも優秀であると訴求してしまうと、逆に採用担当者から「この人は大丈夫かな？」と勘繰られてしまうこともあります。仮に採用されても、後から「言うほどでもないな」という烙印を押される可能性もあります。誇張しすぎず事実を淡々と伝えるのがベストです。

06 ミドル層に求められている能力とは?

ベテランの経験と安定感は「売り」になる。技術力やマネジメント経験がなくても、強みを掘り下げ、良い転職を獲得しよう。

マネジメント経験か
専門分野の実績か

転職市場でミドル層に求められていることは、中間管理職で部下のマネジメントをしてきた経験か、専門分野で長年安定して経験を積んできた実績があるかの2つです。そのどちらかを求められます。

ミドル層の転職となると、基本的にマネジメント経験の有無が転職の合否の要素になります。しかし、その経験がなくても、長年同じ会社できちんと勤め上げてきた安定感を相手に伝えられれば、40代だから

こその「売り」になります。長い期間粘り強く取り組める業務遂行力が安心につながるのです。

その上で、求人を出している企業が転職希望者に何を求めているかを推測しましょう。もしその求人が40代以降の人材を求めているとするなら、20代のフレッシュさや若さによる爆発力よりも、ベテランの持つ社会人としての常識や安定感を求めて人材募集しているのかもしれません。私のところへ相談に来た方は、長年同じ会社で同じ業務をしてきたことをアピールして、年齢制限が35歳までの求人に44歳であるにもかかわらず応募し、内定を獲得しました。求人を出している企業が何を求めているか読み取り、自分を寄せていく努力をしていけば、転職の成功率は上がるでしょう。

経験や実績が売りになる

40代

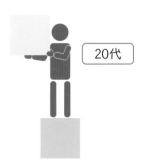

20代

POINT 1

40代が20代に勝てるポイントを
理解しておけば怖いものはない

　転職市場では20代に比べて40代は圧倒的に不利といわれます。しかし、ミドル層だからこそ求められることがあります。ここではあえてそこを考えてみます。

　ミドル層は長年にわたる豊富な仕事経験を持っています。ほぼ転職しなかった場合、ひとつの仕事にきちんと取り組んできた安定感があります。中間管理職の経験があれば、マネジメント能力も身につけている可能性もあります。

　また、ミドル層には社会人としての常識もあります。これは、即戦力を求める企業にとって大きな魅力があることを意味します。安心と信頼のパートナー、それが40代の魅力です。

ミドル層の売り

- 長年同じ仕事に取り組んで培った経験値や安定感がある
- 年齢に見合った確実な業務遂行能力がある
- 社会人として当たり前のことができる
- しっかり「キャリア貯金」している可能性がある
- マネジメントがきちっとできる

20代のリスク

- 長期間仕事に取り組んだ経験がない
- 可視化されていないポテンシャルに賭けるのはリスクが高い
- 社会人として当たり前のことができない可能性がある
- 経験値がほとんどない
- マネジメント経験を持つ人がいない

POINT 2

マネジメント経験がなくても
些細な経験を展開させればOK

　大抵の場合、ミドル層に求められるのがマネジメント経験です。しかし、技術職しかしたことがなかったり会社の規模によっては管理職自体がなかったりという理由でマネジメントしたことがないという転職希望者も多いと思います。その点は採用側も理解しています。

　だからといって「マネジメント経験はありません」で終わらせてしまってはいけません。管理職にならなくても、小さなプロジェクトでメンバーをまとめたことがあるといった小さな経験でもアピールすることが大事です。

　その経験を基に、今後はどんなマネジメントをしていきたいかを伝えられたら良い印象を与えられるでしょう。

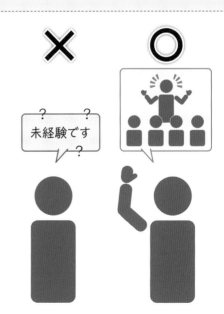

07 転職は「準備」で9割受かる!

転職は準備でほぼ決まります。なかでも大事なのは面接対策と覚悟。
リスクを理解し、ネガティブ要素を打ち返す準備が成功の秘訣です

その転職は本当に必要?
転職前に知っておきたいマインドセット

転職は準備で9割が決まります。事前準備といっても、履歴書や職務経歴書の準備だけではありません。面接の準備も必要です。「あるがまま臨めばいい」「当日なんとかするから大丈夫」では、すぐに面接は終了してしまうでしょう。特に転職回数が多い、マネジメント経験がない、メンタル休職の経験があるといった「ネガティブ要素」を持つ人は要注意。面接でそれらの質問をされたときにきちんと打ち返せる準備をしておかなければなりません。

さらに、転職でもっとも重要なのは「覚悟」です。本当に転職せざるを得ない状況なのか、そもそも転職する必要があるのか。転職して年収が下がることもあるし、職場に若者しかいなくて中高年が自分ひとりという状況になることも十分考えられます。上司が自分よりずっと年下だったとしても転職する覚悟はありますか? 転職に対して覚悟ができているのか、まず自分に問いかけてみてください。

今の職場が嫌で「隣の芝は青く見える」というだけで転職しようとするのはNGです。転職活動の前に、「本当に転職する必要があるのだろうか」と冷静に考えてみるところからはじめてください。

POINT 1

「自分には売りがない」と思って諦めずに、
家族や友人、専門家に相談しよう

転職活動の準備をするときに「自分には売りがない」といって諦める人がいます。それはとてももったいない。売りがない人はこの世にいないのだから。

これまでの職歴を細かく見直すと、意外と売りになることがあることに気づきます。自分だけでは見つけられなければ、周りにいる友人や知人、家族などに聞いてみるのをおすすめします。予算があれば転職エージェントやキャリアコンサルタントに相談すると、専門家の視点から売りを探してくれます。過去を振り返って売りを見つけ、どんな仕事をしていきたいのかを整理していけば、万全の準備ができるはずです。

POINT 2

スキルピラミッドで考えると見えてくる
転職活動で使える「売り」

　自分の職歴と応募職種との共通点を探るには、下記の「スキルピラミッド」を参照するといいでしょう。

　私たちの持つスキルを大きく3つに分け、自分がどの位置のスキルを身につけているのか把握できます。自分の売りがどの辺にあって、どんなものなのか俯瞰できるので、売りを探すのに役に立つでしょう。

①ヒューマンスキル	②ビジネススキル	③テクニカルスキル
社会生活を送る上で必要なスキルです。「遅刻しないで出勤する」「風邪をひかない」「無断欠勤をしない」という社会人として基本的なこと。できて当たり前ですが、できていない人も多いので、ここを確実にしておけば一歩抜きん出られる可能性があります。	仕事全般で使える技術のこと。「プレゼンテーションのスキル」「ITリテラシーが高い」「部下の育成」「商品販売力」「マーケティングの知識」といった経験から習得して身につけられるスキルです。複数のスキルを持つことで他の転職希望者と差別化が可能になります。	特定の仕事や産業で求められる専門的な技能や知識。たとえば、コンサルタントになるとしたら、会計系のスキルがあり連結決算の処理ができるなどの知識が必要です。このような特殊な技術は、体系的な学習と専門家としての実地経験から得られるものです。

高 ↑

専門性

③テクニカルスキル
（例：豊富な商品・サービスの知識、
市場分析力、志向性把握、データ活用など）

②ビジネススキル
（ビジネスルールの知識、
経験＋マネジメント力、プレゼン能力など）

①ヒューマンスキル
（明朗闊達、ストレス耐性、向上心など）

低

08 情報収集はまずIndeedが基本 悩むなら専門家を頼ろう

ミドル層の転職活動は量が命。情報収集はできるだけたくさん
求人情報を集めるところからはじめましょう。

専門家からのアドバイスを聞いて
正しい方向に進むのが最短最速で結果を得る秘訣！

　転職活動をする上で情報を集めることは必須です。Web上にはたくさんの求人情報サイトがあり、そこから応募していくことになります。中でも「Indeed（インディード）」を使えば、ほとんどすべての求人サイトを網羅できます。アカウントを作成し、基本情報を入力することでIndeed上の履歴書を作成することもできます。たくさん情報収集をして応募先を探しましょう。

　ところが、ミドル層は転職活動をはじめてしばらくすると、何件応募しても書類が通過しない現実に直面します。なかなか書類選考が通らないので、求人の応募数を多くしなければなりません。

　ただ、5〜10件程度の求人に通らなかっ

たら我慢できますが、20社以上応募して一件も書類審査が通過しなかったら、やり方を変えたくなるかもしれません。

　しかし、40代以降の転職はその程度の数は必要です。正しいやり方で進めているのに、なかなか結果が出ないということでやり方を変えてしまうのはもったいないことです。

　何件応募すれば良いのかという判断基準は、客観的でケーススタディを熟知している視点が必要になります。そのためにも、転職エージェントやキャリアコンサルタントのような相談できる専門家がいます。彼らに話を聞くようにしてください。きっと良い指南役になってくれるでしょう。

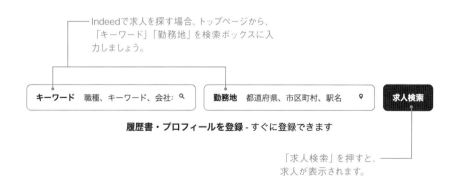

Indeedで求人を探す場合、トップページから、「キーワード」「勤務地」を検索ボックスに入力しましょう。

| キーワード　職種、キーワード、会社: 🔍 | 勤務地　都道府県、市区町村、駅名　📍 | 求人検索 |

履歴書・プロフィールを登録 - すぐに登録できます

「求人検索」を押すと、
求人が表示されます。

POINT 1

Web上の求人サイトはIndeed一択！
すべての求人を網羅している最強サイト

Indeedは、誰もが最適な求人を検索できる世界最大級の求人検索エンジン。Web上のあらゆる情報源から求人情報を集約しているため、その規模は他のエンジンを圧倒しています。求職者の検索キーワードやアクセス履歴を考慮し、確度の高い最適な求人を提供してくれます。

Web上には求人検索サイトが多数ありますが、ほとんどすべてがIndeedに集約されているため、Indeedを使えば網羅できます。求人情報を収集するにはまずはIndeedを訪れるところからはじめましょう。

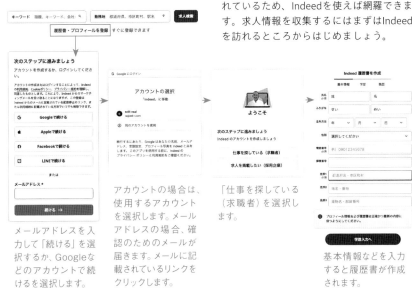

メールアドレスを入力して「続ける」を選択するか、Googleなどのアカウントで続けるを選択します。

アカウントの場合は、使用するアカウントを選択します。メールアドレスの場合、確認のためのメールが届きます。メールに記載されているリンクをクリックします。

「仕事を探している（求職者）」を選択します。

基本情報などを入力すると履歴書が作成されます。

POINT 2

専門家に相談すれば
最短で確実に結果が出る

何度応募しても不採用が続くと「やり方が間違っているのではないか？」と疑心暗鬼になります。ミドル層はある程度の母数が必要になります。

このことを知らずに10〜20件ぐらい応募して「ちょっと履歴書を書き換えてみよう」とやり方を変えて余計うまくいかなくなるのは、ミドル層「あるある」です。

ただし、本当にやり方が間違っている可能性もあるので経験豊富なキャリアコンサルタントに相談するのがおすすめ。転職活動をしていない段階で相談すれば、最初からブレることなく正しい転職活動ができ、最短で理想の転職ができる確率が上がります。

09 「ヒューマンスキル」と 「ビジネススキル」をPRしよう

自分には売りがなくて転職できないと思って動けない人を見かけます。
そこでスキルピラミッドを使えば必ず売りを見つけられるでしょう。

ミドル層は専門スキルがなくても 経験から身につけたことをアピールすればOK!

ミドル層が転職する際の自己分析は、20代の転職のように内面を深掘りするよりも、現状把握が必要になります。自分はどんな経験をしてきて何ができて、なぜ転職しなければならないかを明確にしていきましょう。

その際に「転職で9割受かる!」でご紹介した「スキルピラミッド」を使うのがとても有効ですので、より詳しく解説します。ミドル層の場合は、スキルピラミッドのうち「ヒューマンスキル」と「ビジネススキル」で十分にPRできます。

「ヒューマンスキル」は持って生まれた性格に基づいた能力です。明るくて元気、体力に自信がある、前向き、慎重であるといったもの。明るくて前向きな性格なら営業や接客といった業種に向いています。慎重で細かいことが得意だったら、技術職でもいけることになります。

「ビジネススキル」は職歴の中で身につけたスキルのこと。マネジメント力やプレゼンテーション能力、エクセルやPCスキル、ビジネスマナーやITリテラシーといったものが含まれます。新卒や社会人経験が少ない若年層に比較して、ミドル層はある程度のキャリアを積んでいるので、ビジネススキルは十分。売りとしてアピールしていきましょう。

ヒューマンスキル

明るくて前向き!

体力に自信がある!

ビジネススキル

プレゼンが得意!

PCスキルがある!

POINT 1

未経験職でも十分有効
いかにアピールするかが重要

　これまで勤めてきた職種からキャリアチェンジして、経験したことのない職業に応募するかもしれません。ミドル層であれば、ヒューマンスキルとビジネススキルをきちんと分析してアピールすれば、その場合でもしっかり結果は出ます。

　この年代はプロのビジネスパーソンとしてのマナーや社会人としての常識、ITリテラシーといった社会人として当たり前のことを当たり前にできることを求められるケースが多いです。専門スキルがないからといって諦めるのではなく、当たり前にできることをいかにアピールするかが重要になります。

POINT 2

これまでの経験を応用すると、
「売り」になる

　未経験の職種に転職を希望する場合でも、これまでの経験の中で活かせるものを見つけて応用する発想をしてみましょう。

　たとえば、技術職から営業職へ転職するとします。市場調査をしてエクセルでデータ分析するといったことは、営業をする上で顧客の動向を分析し、データ管理をする際に非常に役立つものになるでしょう。

　特別なスキルがなくてもこれまでの職務経験を振り返ってみて、希望する転職先の業務内容と照らし合わせて活用できるスキルがないかチェックしてみると売りが見つかるはずです。

27

10 年収？ 働き方？ 価値観をどこに置くか考えよう

ミドル層に必要なのは自己分析ではなく「価値観の優先順位」をつけること。
自分にとって譲れるものと譲れないものをきちんと見極めていきましょう。

その転職、本当に必要ですか？
大切にしている価値観を見つめ直してみよう

　40代以降になると、転職して条件が上がることは年齢的に考えにくいです。しかも若い頃に比べて求人数も少ない。下手に転職するよりも、今の会社で働き続けた方がよっぽど安泰です。にもかかわらず転職を検討するのは、転職せざるを得ない理由があるからではないでしょうか。

　そんなときはまず「譲れる条件」と「譲れない条件」から見ていきましょう。「絶対に給料は下げたくない」「勤務地は家から1時間以内は必須」「転勤はNG」というように、自分の中にある条件の優先順位をはっきりさせると、転職活動の方向性が見えてきます。「給料は多少下がっても通勤は1時間以内がいいな」という自分にとって大切な価値観が浮き彫りになってくるはずです。

　正直に言って、ミドル層で転職する場合、収入は下がることを覚悟した方がいいでしょう。1割減や2割減だったらましな方です。下手すると、半減することだって珍しくありません。もしくは転職先の社員が自分よりもずっと若い可能性もあります。極端な話、希望通りの仕事であっても、20代の若い男性が上司になるかもしれません。それでも転職の決意は揺らぎませんか？ そこまで考えてもなお転職が必要なのか胸に手を当てて考えてみてください。

【仕事内容】
営業職：新規顧客開拓および既存顧客との関係強化、商品説明・提案、契約締結

●企業A
【給与】月給 300,000円〜450,000円。経験やスキルにより変動。
【勤務時間・曜日】月曜から金曜日 9:00 〜 18:00（休憩1時間）
【勤務地】本社勤務、テレワークは要相談
【待遇・福利厚生】健康保険、厚生年金、雇用保険、労災保険完備。退職金制度、育児・介護休暇制度あり。

●企業B
【給与】月給 450,000円〜600,000円。経験やスキルにより変動。
【勤務時間・曜日】月曜から金曜日 10:00 〜 19:00（休憩1時間）
【勤務地】本社勤務
【待遇・福利厚生】各種社会保険完備、退職金制度、育児・介護休暇制度、スキルアップ支援制度（研修制度、資格取得支援）、リフレッシュ休暇制度あり。

POINT 1

掘り下げ方のコツ
譲れない条件を整理しよう

譲れない条件を明確にするには、「自分の価値観は何だろう？」と無理に掘り下げようとするよりも、「なぜ転職しようと思ったのか」「転職せざるを得ない理由は何か」と発想を変えると見えてきます。

「子どもが大学受験でお金が必要になった」「どうしても技術的な仕事がしたい」など、いろいろな理由で転職を検討するようになっているはずです。そこが見えてくると、希望する職種なのか高額の給料なのか、どんな求人を探さなければならないかもはっきりします。譲れない条件は転職する理由の中に隠れているのです。

譲れない条件の例

・年収は○割以上下げたくない

・通勤時間は○○分以内

・福利厚生が充実している

・残業がない、時短勤務したい

・キャリアを生かした
　仕事がしたい

・専門的な仕事がしたい

・リモートワークをしたい

POINT 2

市場価値に合っているか
柔軟に考えよう

ミドル層には長年のキャリアがあります。現在何歳で、どんな経験をしてきて、どんなスキルがあって、年収はどれだけ貰ってきたかを知っています。

そこから転職市場における自分の「市場価値」を割り出しましょう。市場価値が見えていないと、これまで小売業で年収300万円だった人が、いきなり年収1,000万円の求人に応募したりするのです。「自分の年齢と経験とスキルではどんな条件の求人に応募できるだろうか」を冷静に考えてみる。市場価値を把握すれば最短で理想の結果を出せるはずです。

ときには、右の事例のように希望する転職先と条件が合わないこともあるので、柔軟に考える必要があります。

事 例

**外資系IT企業へ転職希望
子育てと仕事を両立させたい**
（女性・44歳）

映画配給会社で、仕事一筋で働いていましたがリストラに遭ってしまいました。そこで外資系IT企業へ転職したいということで相談に来ました。子どもがまだ小さいので子育てと仕事を両立させられる働き方をしたいということでした。しかし、以下の点で希望する転職が厳しいことをお伝えしました。

・外資系IT企業の求人はフルタイムの勤務を求められる。

・映画配給会社勤務は特殊なので経験やスキルが通用しにくい。

この状況では自己分析をして転職先を探しても叶わない可能性が高い。自分の求める条件を合致している求人を選ぶ形になります。

CHAPTER 1
CHAPTER 2
CHAPTER 3
CHAPTER 4

履歴書や職務経歴書は
できるだけ早く送ろう

　せっかく時間をかけて書類を準備したのに、意外と多くの人が書類提出でミスをしたために、落とされています。

　例えば、Webサイトからエントリー後に履歴書や職務経歴書の提出を求められる場面では、応募者の対応にはいくつかのパターンがあります。①書類を一切送らない人、②どちらか一方のみを提出する人、③1週間ほど遅れて送る人。すぐに送る人はあまり多くないのが実情です。

　なぜ、こんなことになるのでしょう。主な理由は、自分の過信、注意の散漫さ、そして準備の不足です。特に準備不足は、履歴書や職務経歴書は求められたらすぐに送れるように、あらかじめ準備しておくべきです。

　さらに、送る方法にも注意が必要です。応募書類を指定場所にアップロードする、メール添付で送付など、企業によって指定が異なります。後者はメールアドレスの記載ミスも見られるので必ず確認してください。

　転職活動は細心の注意を払い、求められた行動を迅速かつ正確に取ることが大事です。それだけでも他の応募者に差をつけ、より良い結果を得られるでしょう。

キャリアコンサルタント、転職エージェントの活用法

11 ハローワークや転職エージェント、キャリアコンサルタントの違い

転職活動はまず専門家に相談するところから。
プロのアドバイスを受けると転職成功率が驚くほど上がります。

転職はひとりではなく専門家と共にする
これが転職成功の秘密

　転職活動をする際には、厚生労働省が運営している職業安定所『ハローワーク』を活用するのが代表的です。全国各地にあるので、利用した人も多いのではないでしょうか。国が運営していることもあり、大量に求人があってとても便利です。求人を出す企業側からしても、手数料無料なので、気軽に求人情報を掲載できますが、求人掲載のハードルが下がり、求人情報の質が下がる傾向があります。

　転職エージェントは、転職希望者と人材を求めている企業との間に立ち、転職支援をします。求人動向や転職ノウハウに長けているプロフェッショナルが、求職者の転職活動をしっかりサポートしてくれます。ところが、転職エージェントは人材を企業に紹介することで紹介料を得るビジネスモデル。企業が求めているような質の高い人材を求めています。非公開求人情報をたくさん持っていますが、見合う優秀な人材に絞り込んで支援する傾向が強くなっていると言われています。

　キャリアコンサルタントは、転職希望者のスキルや知識、興味といった特性から、最適なキャリアの構築を支援してくれる専門家です。どういう転職活動をしたらいいか的確なアドバイスをくれる強い味方になってくれるでしょう。

転職活動で頼りになるサービス

ハローワーク	厚生労働省が運営している職業安定所。日本の公的な職業安定所の通称で、求職者と求人者を結びつける役割を持つ。
転職エージェント	求職者と企業の間に立ち、双方のニーズと期待に合う最適なマッチングを行う専門家。
転職サイト	大量の求人情報を提供するWebサイト。職種、地域、給与、業種などの条件に基づいて求人情報を検索し、応募フォームから応募できる。
キャリアコンサルタント	学生・求職者・在職者などを対象に職業選択や能力開発に関する相談やコンサルティングを行う専門職。2016年4月から国家資格となる。
しごとセンター	就職活動や就職後に役立つ知識・スキルを習得するための各種セミナーや能力開発、求人情報の提供を中心に、就職に関するサービスを提供。

POINT 1

地域の雇用・就業を支援する「しごとセンター」

「しごとセンター」とは地域の雇用・就業を支援するために、仕事に関してワンストップで相談できる各自治体が設置した機関です。

ハローワークのように豊富に求人情報を持っているわけではありませんが、就職活動や雇用についての情報や、所属しているキャリアコンサルタントから一人ひとりに合った具体的な転職の方法や求人情報の選び方などのアドバイスを受けられます。20代・30代に対する就職・再就職の支援だけでなく、40代・50代のミドル層に対する転職活動に役立つセミナーやスキルアップ講座といった一連のサービスを提供しているので、ぜひ足を運んでみてください。

しごとセンターの特徴

○ 職業訓練セミナーや講座の提供

○ 地元密着型で地元の就労状況改善に貢献

○ 専門のキャリアコンサルタントが在籍

○ 誰でも無料で利用可能

○ 雇用保険の手続き支援

POINT 2

静かに増えているリファーラル採用をやってみよう

通常の転職活動では、Web上で公開されている求人状況から応募します。しかし、いくら応募してもなかなか通過しないことが多いでしょう。

そんなときは「リファーラル採用」がおすすめです。リファーラル採用は人脈やコネを使って転職する手法です。「最近、転職を考えていて、こういった職がありましたらぜひご紹介ください」と、友人・知人・家族・親戚・取引先などのつながりから求人を紹介してもらいます。

運や偶然によるところが大きいですが、とりあえず声をかけておくことが大事。思わぬところから連絡が来る可能性があります。紹介後は忖度なく通常の転職同様に面接を受けます。

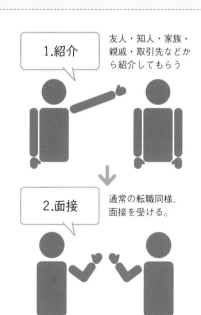

1.紹介 　友人・知人・家族・親戚・取引先などから紹介してもらう

2.面接 　通常の転職同様、面接を受ける。

12 キャリアコンサルタントの選び方

キャリアコンサルタント選びは実績と相性で。
まずはしごとセンターへ行くところからスタート!

ミドル層の転職支援が得意な
キャリアコンサルタントを選ぶには?

　転職活動をするとき、キャリアコンサルタントに相談するのは有効な方法です。基本的に彼らはWebサイトを持っているので、調べてみて合いそうな人のところへ行ってみましょう。選ぶポイントは、実績としてミドル層の人材を多く扱っていること。志望している職種や業界への転職サポート経験があるかも要チェックです。

　各地のしごとセンターに在籍しているキャリアコンサルタントのところへ行くのもおすすめです。きちんと採用面接を受けて配属されている人たちなので腕は確か。しっかり相談に乗ってくれるでしょう。

　ただし、いくら実績があって優秀なコンサルタントだったとしても、人によって相性はあるし、転職に関する考え方が違う場合もあります。

　選び方としては、「私のようなミドル層の人材を扱ったことはありますか?」と聞いてみたり、「40代の相談でうまくいった事例はありますか?」と質問をしてみると、その人の経験値や得意分野が見えてきます。

　ちなみに、しごとセンターは各地にありますが、利用者はほとんどが大学の就活生です。ミドル層にはほとんど知られていないので、ぜひ活用してください。

キャリアコンサルタントを選ぶ際のポイント

○ミドル層の人材を扱ったことがあるか?

○志望する業種・業界を扱ったことがあるか?

○自分と近い年齢の相談で、
　うまくいった事例があるか?　など

ミドル層の人材を
扱ったことはありますか?

POINT 1

キャリアコンサルタントは どこにいる?

「キャリアコンサルタントは実際どこに行けばいるのかわからない」という声を聞くことがあります。

キャリアコンサルタントは、企業や大学、専門学校でキャリア支援施設をしていたり、人材会社に勤めていたりすることが多いです。

Web上ではプロフィールや実績はわかるけれど、人柄や相性までを把握するのは難しいので、選ぶ際には実際に話してみるのが一番です。しごとセンターやジョブカフェ、ハローワークの就労相談などをしてくれていることが多いので、話してみて「この人ならいいかも」と思ったら、何度も通って仲良くなりましょう。

> **キャリアコンサルタントの 活躍の場**
>
> ○**企業、派遣会社**
> ○**ハローワーク、転職・再就職 支援会社など**
> ○**学校、教育機関**
> （キャリア教育・キャリアセンター）
> ○**地域若者ステーションや 女性センターなどの地域施設**
> ○**その他**
> （障がい者の就労支援・職業相談、医療機関や福祉施設、矯正施設・更生機関、生活保護受給者の就労支援など）
> ○**国や自治体による就労支援サービス、職業訓練などの訓練機関**

POINT 2

氷河期世代でも正しい 転職活動で正社員になれる!

現在40代から50代のミドル層は、90年代のバブル崩壊後に大学を卒業してから就職氷河期を歩んできました。そのため、正社員になれずに非正規雇用で働いている人が多いのは事実です。「もう40歳を過ぎちゃったから正社員は無理かな」と諦めモードの人もいるかもしれません。

しかし、これからでも間に合わせることは十分に可能です。近年転職に関するサポートが充実してきましたし、キャリアコンサルタントのような転職のプロに相談しながら正しい転職活動をすれば、正社員へ転職できる可能性は確実に上がることは忘れないでください。

就職 氷河期

非正規雇用

↓

正しい転職活動

↓

正社員

13 転職サイト、転職エージェントの活用法は?

転職サイトと転職エージェントを組み合わせれば、
死角なしの転職活動が実現可能になります。

転職サイトは「Indeed」に登録するだけでOK

転職サイトは数えきれないほど存在するので、どこを使ったら良いかわからないという声をいただくことがあります。そこでおすすめなのが「Indeed」です。

Indeedはほとんどすべての転職サイトをとりまとめて、横断的に求人情報を検索できる便利なサイトです。p.24で登録方法を解説しています。

転職エージェントは、非公開の良質な求人情報を多数持っていて、登録した人を一人ひとり丁寧に転職のサポートをしてくれます。ところが、転職エージェントは人材のスペックや人間性をしっかり審査するので、登録するのが難しくなってきています。彼らは優れた人材を企業へ紹介することで紹介料を得るビジネスモデルなので、企業が満足してくれるような優れた人材を発掘しなければならないからです。逆に転職エージェントに登録できたら転職成功の確率が一気に上がることになるので、ぜひ書類を作り込んで登録を目指してみてください。

転職サイトと転職エージェントを組み合わせれば、死角なしの転職活動が実現可能になります。

転職サイトと転職エージェントの違い

	転職サイト	転職エージェント
収入源	広告掲載料・スカウトメール送信料	紹介先企業からの紹介料
ミドル層に適したサービス	Indeed リクナビNEXT ミドルの転職 マイナビ転職	リクルートエージェント ビズリーチ Doda JACリクルートメント

POINT 1

転職エージェントの賢い活用法は?

　非公開求人情報を多数保有しているのが転職エージェントです。エージェントごとに持っている求人が異なるので、それぞれに登録する必要があります。

　Googleで「転職エージェント」というキーワードに加えて、転職を希望する業種（不動産業・小売業など）、職種（営業・事務など）、年代（40代・50代など）などを入れて検索してみましょう。該当する転職エージェントが表示されるので、すべてに登録します。最近では転職エージェントもなかなか登録できない状況が続いているので、できるだけたくさん登録して数で勝負していくことが重要になります。

利用の流れ

①申し込み

申し込みフォームから転職の希望時期や希望勤務地、年収や職種などを入力し、申し込みを完了します。

②面談

対面もしくは電話形式でキャリアアドバイザーと面談をします。業界・職種に精通した専任の担当者が、希望条件などを確認します。また、これまでのキャリアを確認したり、客観的に強み・弱みを整理するなどキャリアの棚卸しをします。

③求人の紹介

希望条件をもとに、求人を紹介したり、キャリアプランの提案をします。

④書類添削・面接対策

職務経歴書などの書類の添削、面接テクニックのアドバイスなどのサポートもしてくれます。

POINT 2

転職エージェントに登録できない場合の対処法

　ミドル層は年齢的に求人数自体が少ないため、転職エージェントに登録しにくい状況です。もしがんばっても登録できなければ、ご自身のスペックを上げることを意識してみましょう。最近流行りの「リスキリング」の実践です。リスキリングとは、新たにスキルを身につけること。特にIT系のスキルは企業からのニーズが高いので、習得したら武器になるはずです。また、資格を取得することで付加価値を高めるのも強みになります。

　ミドル層になると、新しいスキルを身につけようとする人が少ないので、ここで一気に周りを引き離せるでしょう。

リスキリングで取得する転職に有利な資格

○**ITパスポート**

○**MOS**
（マイクロソフトオフィススペシャリスト）

○**ファイナンシャルプランナー**

○**社会保険労務士**

○**中小企業診断士**

○**税理士**

○**TOEIC**（800点以上）

14 登録してからの流れ
書類選考～面接選考～適性検査

Web上で応募したらそこで安心してしまいがちですが続きがあります。
面接を受けて適性検査までしっかり対策しましょう。

書類を送って終わりじゃない！
採用までの流れを把握しよう

求人情報を見つけて応募するところから、内定までの一連の流れをご紹介します。

①Web上から応募書類を送付して
　書類選考が行われる
②面接を受ける
　（人事採用・役員・社長など2～3回）
③適性検査を受ける

転職活動では、空きができたら必要な人材を募集することになるので、場合によっては書類選考だけで採用になったり、社長面接の一回だけという場合もあり得ます。特に中小企業や零細企業だと人事担当者がいないこともあるので変わってくるかもしれません。しかし、基本的には上記の流れだと思っておいて良いでしょう。

どこの企業でも中心になるのは面接です。対面で話して理解することを重視しています。書類選考もしっかり審査の基準になります。人事採用担当が面接をするかどうか判断するためのものです。「面接のときに人間性でアピールするから大丈夫」と思っていても、面接まで進まなかったら元も子もありません。

そして、適性検査は、必要最低限の常識一般の知識があるかどうかを見るために行われるものがほとんどです。軽視されがちですが、落とされることもあるので最後まで手を抜かないことが重要です。

POINT 1

①書類選考

これまでは履歴書と職務経歴書のセットを送るのが一般的でした。ところが、最近ではWebサイトから応募するケースが増え、キャリアシートという形でフォームから送るのがメインになりつつあります。手書きによる履歴書は、ほとんど要求されなくなりました。

ただし、書類をプリントして郵送で書類を要求する企業はいまだに根強くあります。

オンラインで書類を送る場合、PDF化して送るようにしてください。WordやExcelファイルをそのまま送ってしまう人がいますが、PDFは固定フォーマットなのでどんな環境でも正常に開き、レイアウトが崩れないので安心です。またPDFにすることでITリテラシーの高さもアピールできます。

②面接選考

　転職活動でもっとも重視されるのが面接です。通常本採用まで平均2〜3回行われます。まず採用担当者の面接があり、現場の上長、最後に社長と面接というのが一般的。ミドル層の転職の場合、1対1の面接が主です。就活生のようにグループ面接やディスカッションはほぼありません。

　最近は新型コロナウイルスの影響でオンライン面接が増えてきました。採用担当者の面接はオンラインで、社長の最終面接はリアルの面接会場へおもむいて実際に会うパターンも多いです。本番で失敗しないようにZOOMやTeamsといったITツールに慣れておきましょう。

③適性検査など

　適性検査は、大手企業が新卒採用をする際に行われるイメージがありますが、最近では中途採用でも実施されることが増えてきました。適性検査にはおおまかに2種類のテストがあります。応募者の人となりを問う「性格検査」と、働く上で必要とされる能力を測定する「能力検査」です。それ

ぞれ一般常識を問うレベルなのでそれほど構える必要はありません。

　もしあらかじめ準備するとしたら、社会人向けのSPI対策の本を買って読んでおくと良いでしょう。SPI以外にも独自のテストを行う会社もありますが、基本的には一般常識的な内容です。

①性格検査
応募者の性格やパーソナリティを明らかにするために行われます。主に自社との適正の確認やミスマッチを防止する目的で使われます。

②能力検査
応募者の思考力や判断力、また専門的な知識や一般常識などの知識量を問うテストが行われます。

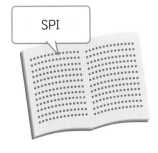

SPI

15 「転職できたけどミスマッチ」を防ぐには

転職して新しい職場に通い始めたら「こんなはずではなかった」ということが起こり得ます。そんな事態を防ぐ方法を紹介します。

処遇や業務内容などのミスマッチは未然に回避できる

これから転職活動を必死にがんばって見事内定を獲得したとします。そして、出勤日が決まり喜び勇んで新しい職場へ出勤することでしょう。ところが再スタートしたのも束の間、「あれ、こんなはずではなかった」という転職後のミスマッチがたびたび起こることがあります。転職活動中は、内定をもらうところまでは必死にがんばるのですが、新しい会社に入った後のことまではなかなか考えが回らないものです。

実際のところ、入社してみないとわからない部分があるのは事実です。あらかじめWeb上で評判を調べたり、面接で質問し

たり、キャリアコンサルタントなどの専門家に聞いてみたりすることで把握できますが、それも完全ではありません。何度も面接を重ね、適性検査を受けたとしてもミスマッチは起こってしまいます。転職することで、より良い仕事生活の実現を求めていたはずなのに、実際には最悪の人間関係だったら、がんばった転職活動は何の意味もないことになってしまうでしょう。

転職活動において、内定をもらうことはゴールであると同時に、新しいキャリアのスタートです。このことを改めて認識した上で転職活動を行っていきましょう。

	主なミスマッチの要因
未然に回避できるもの	①処遇・待遇などのスペック的な要素 ②業務内容・キャリアビジョン・ミッション
未然に回避できないもの	③社内の人間関係

POINT 1

①処遇面や待遇面でのミスマッチ

ミスマッチで特に多いのが給与額に関することです。求人情報には幅を持たせて記載されていることが多く（たとえば月給25万円〜40万円というように）、経験年数や能力によって変動するとありますが、最初のうちは最低額からスタートというケースが多いです。「25万円からお願いできませんか？」と採用担当者から打診された

とき、納得できなければ少し交渉してみることをお勧めします。転職が決まった際に、転職先の人事担当者に「この仕事には長年の経験があるので良い働きができると思います」と言ってみても良いでしょう。再検討してくれるかもしれないし、難しかったとしても「この人はやる気があるな」というアピールにもなります。

②業務内容やキャリアビジョンのミスマッチ

面接の最後に「何か質問はありますか？」と問われたときに、具体的な仕事内容を聞いてみましょう。さらに「私は将来的にはマネジメント能力を身につけて独立することも考えています」というキャリアビジョンを伝え、それを実現できるか確認しておくとミスマッチを防げます。漠然とした「夢」のような感じなので、一次面接のときから確認しても問題はありません。「この人は将来のこともきちんと考えているのだな」と面接官に好意的に映るでしょう。

マネジメント能力を
身につけたいと考えていますが、
そのような業務はありますか？

③人間関係のミスマッチ

正直なところ、人間関係については事前の対策は難しいです。仮に世間に名の通った優良企業でも、行政の外郭団体の関連企業でも、福利厚生はとても良いのにパワハラが横行していて人間関係は最悪、という例は残念ながら存在します。

もし転職先の人間関係が合わなかったら、3年間我慢してください。その間に人事異動は行われるだろうし、別部署に抜擢されて異動することもあり得ます。3年経てばキャリアとして認識されることが多いので、

そこで新たに転職活動をするとしてもほとんど不利に働かないというメリットもあります。

3年間は
我慢しよう

16 円満退社ができる退職のコツは？

ようやく決まった転職先ですが、意外な罠に足をすくわれることも。
最後の最後まで油断大敵です。

せっかくの内定が水の泡
家族を味方にして円満退社を目指そう

転職活動を一生懸命頑張って、ようやく勝ち得た内定通知。「嬉しい！」と思った次の瞬間、内定が一瞬にして消え去ることがあります。その理由のひとつが家族の反対。特に既婚男性の場合、奥さんから反対されて転職自体を諦めざるを得なくなるケースが見られます。これを「嫁ブロック」と呼びます。

こうなる理由は、転職活動をしていることを家族に内緒にしていたから。転職する際にはあらかじめ家族に打ち明けておきましょう。転職が決まってから嫁ブロックで内定取り消しになることが防げます。

また、在職中に転職が決まった場合、現職を円満退社することを目指しましょう。そのためにも就業規則にしたがい、上司と話し合いながら退職日を決めてください。

なお、自分が作ったからといって、社内で作成した資料やデータを無断で持ち出すことは絶対にやってはいけません。どの企業でも就業規則で禁止されているので、重い罰則が課せられる可能性があります。下手をすると訴訟沙汰になりかねません。そうなると、退職金が出ないどころか、せっかく決まった転職先の内定を取消しになる事態になってしまいます。

退社前の不安の整理と対策

想定する不安	不安材料	対策
① 給与や福利厚生といった処遇の変化は？	処遇面がダウンすると、住宅ローンや子どもの教育費、親の介護費といった出費を抱えている場合、賄いきれない危険性があります。生活レベルも落とさないといけない可能性もあるので注意。	実際にどれくらい必要かという計算をし、転職できる収入の範囲を明確にして家族と最低ラインを共有しておきましょう。転職により将来的に収入アップの可能性があるなら、それも伝えておきましょう。
② 勤務地変更による生活環境面の影響は？	将来の異動も含め、転居を伴う転職となれば今の生活に大きな変化があり、家庭の出費も増大する可能性があります。	転居を伴う転職をしても十分に価値があることを伝え、問題がなければ、単身赴任の選択肢があることも伝えます。
③ 残業や休日出勤などの勤務時間の変化は？	長時間労働により、心身ともに悪影響が出る可能性があります。家族がすれ違いでバラバラになる可能性も。	自身のキャリアプランなどを交えて、仮に働き方が改悪になっても、やりがいのある仕事に就きたいと伝えましょう。

POINT 1

就業規則を
チェックしよう

転職が決まったら内定をもらって終わりではありません。今勤めている会社を円滑に退職することが重要です。そのためにも退職に関する就業規則の項目をきちんとチェックしておく必要があります。

基本的に就業規則にしたがって手続きを進め、具体的な退職日は直属の上司などと調整して決定しましょう。

自己都合退職
民法（第627条）に基づき、社員の都合により退職する場合は、退職届を1ヶ月程度前までに提出して辞意の旨を伝えなければならない。

退職を検討しはじめたときに確認しておくべき就業規則

□ **自己都合による退職日の申告**
（退職する日の何日前に伝えればいいか）

□ **社内情報の持ち出しや機密事項の漏洩禁止規定**
（何をしてはいけないのか）

□ **引き続き事項と関連規約**
（引き継ぎ義務の有無）

□ **制裁関連の規定**
（転職規定を違反した場合の罰則の確認）

POINT 2

円満退社のコツは
誠意を持って対応すること

現職を辞めることが決まったら、取り組んでいる業務をすべてやり切りましょう。途中で投げ出すのはNGです。最後まで責任感のある行動を意識してください。

次に引き継ぎです。後任者へ口頭で伝えるだけでなく、引き継ぎ書などの文書にすることで正確に伝えましょう。

退職日には挨拶回りです。お世話になった人たちへ感謝を伝えることは、社会人としてのけじめです。

最後は、悪口を言わないこと。同じ職場に残る社員にとってなんの得にもならないし、気持ちの良いものではありません。円満退社の秘訣は「立つ鳥跡を濁さず」です。

円満退社のチェックポイント

□ **自分のやるべき仕事を最後までやり切る**

□ **引き継ぎ事項は後任の担当者へ正確に過不足なく行う**

□ **上司・部下・同僚など、働く上でお世話になった方々へ挨拶をする**

※有給休暇の消化については、すべて使うことが理想ではありますが、あくまでも上記の退職に関する事項が完了する目安がついたところで話し合いによって決めることを推奨しています。

「本当の社風」を知る
5つのコツ

　転職を考える上で、企業の「実際の社風」は重要な要素です。特にミドル層にとっては最後の転職になりうるので、入念な調査は不可欠です。以下、社風を知るための5つの具体的なコツを紹介します。

①Webサイトの利用：転職口コミサイトは社風を知るのに最適。しかし、恨み言を書いている退職者の書き込みがあるので注意が必要。情報の信憑性を確かめることが重要です。

②人脈の活用：自身の人脈や、ビジネスSNS「LinkedIn」などを利用して、実際にその企業で働いている人との接触を図ります。彼らの生の声は非常に価値があります。

③転職エージェントとのコンサルティング：転職エージェントは多くの情報を持っていますが、彼らもビジネスのため、情報に一定のバイアスがあることを理解しておく必要があります。

④企業周辺で観察：実際に会社の近くで社員の動きや服装などを観察することで、間接的に社風のヒントが得られます。

⑤面接時に聞く：面接官に直接、企業文化や社風について質問する方法もあります。ただし、立場的に答えが無難で標準的なものになりがちなので参考程度にしましょう。

　これらの方法を組み合わせることで、より正確な情報を得られるでしょう。転職先の企業選びは大切な選択です。慎重かつ総合的に判断してください。

CHAPTER
3

通る！
履歴書・職務経歴書
にするコツ

17 履歴書は当たり前のことを当たり前に書こう

履歴書は常識の範囲で、当たり前のことを当たり前に書けば大丈夫。
誰もが迷い、いい加減に書いてしまうポイントを紹介します。

ミドル層から最も多い質問とは？

履歴書には基本的に決められたところに決められた内容を書けば問題ありません。ところが、最近では書籍やWeb上にいろいろな情報があふれているため、書くことに迷ってしまうことが多いという声を聞くようになりました。そんなときには無理をして情報を盛り込もうとせずに、原点に立ち返って当たり前のことを当たり前に書いていけば大丈夫です。

たとえば、「学歴は高校や中学まで遡るべきか？」、「職歴はどこまで詳細に書くべきか？」と迷った場合は、常識の範疇で判断してください。

とはいえ、改めて履歴書や職務経歴書を書くにあたってしばらく書いていなかったら「これで良かったんだっけ？」という疑問が沸くかもしれません。

そんなときは、質問に対する回答は「正解が明確にあるもの」と「基本的なルールが存在するが時と場合によるもの」と、2つに分類して考えてみましょう。

たとえば、「株式会社を（株）と略して良いか」。これは絶対NGで、正解が明確ですよね。基本的なルールがあって使い分けるものは、「学歴はどこまで遡るのか」といった場合です。右のページに、転職希望者によくある疑問と回答をまとめていますので、確認してみてください。

よくある疑問

履歴書や職務経歴書といった必要書類を書くにあたってミドル層からよく受ける3大質問です。

①経歴はいつまで遡ればいいの？

②和暦で記述すべきか？西暦にすべきか？

③職歴はどこまで細かく書いた方がいいのか

POINT 1

基本を押さえつつ
個々で適切に判断していこう

　基本的にミドル層なら長年の社会人経験があるので、常識の範疇で書いていけば問題はありません。

　ただ、長いキャリアがあると言っても、改めて履歴書や職務経歴書を書くにあたって「これで良かったのかな？」という疑問が沸くものです。下記のよくある疑問と回答を確認しましょう。

正解が明確に存在する質問

よくある疑問	回答
「（株）」「〃」といった略語は使っていいの？	どんなときにも使用禁止。マナーとして正式な書類に略語はやめましょう。
西暦にするか和暦にするか？	求人情報の記載に合わせましょう。混ぜて使うのは絶対にNGです。

基本的なルールは存在するけれど、時と場合によって変更することもある

よくある疑問	回答
学歴欄ではどこまで遡る？	・基本的にはどこから書いても可。ミドル層では最終学歴しか記載できない履歴書を使うことが増えているのでフォームに合わせましょう。 ・転職回数や配置転換が少なくて学歴・職歴欄が空いている場合は、遡って書くと見栄えが良いです。 ・地元のローカル企業への場合、中学校や小学校まで遡ることで共通点が見出せて盛り上がれる可能性があります。
職歴欄は「入社」「退社」の記載のみで良い？	・間違いではないですが単調になりがちなので、配属先や業務内容を併記するのがおすすめ。ただし、転職回数が多い場合は情報量が多すぎて読みにくい印象を与えかねないのでバランスを考えましょう。

18 パソコン作成は用紙選びで採否が決まる！

かつては手書きが当たり前だった履歴書も、今はパソコンで作る時代になりました。
さらにミドル層は相応しいフォームを使うことで書類審査が通過しやすくなります。

現代の履歴書作成はパソコン一択！
ミドル層に適したフォームを選ぼう

最近は、履歴書を書くとなるとパソコンの一択です。応募先の企業から直筆の指定がない限り、履歴書はパソコンで作るようにしましょう。この場合、以下の2つのパターンで作ることが考えられます。

①一般的な履歴書のフォーム
②フォーム自体を自作して
　職務経歴書と組み合わせた形にする

①の場合、インターネット上に市販の履歴書フォームがエクセルファイルになっていて、無料でダウンロードできるものがあります。好きなようにレイアウトを変更し

て使うことができますが、いくつか注意が必要です。

②の場合、英文のレジュメを作った経験がある人は、履歴書のフォーム自体を自作する傾向があります。

しかし、このやり方は国内の企業においてはリスクが高いのでおすすめしません。日本の会社の人事部では、保守的で既存の履歴書とはまったく異なったフォーマットを使い、しかも顔写真がない履歴書を受け入れてくれるとは限らないからです。

特にミドル層の転職の場合、職務経歴書が重視されるのがほとんどなので、あえて履歴書で危険を冒す必要はありません。

レイアウトを変更する際の注意点

○レイアウトを変更しすぎて罫線がずれてしまったり、改行の間隔がバラバラになってしまったりすると、デザインの統一感がなくなってしまう。

○書く必要がないと思って項目自体を削除してしまったところ、採用担当者が知りたい情報が記載できなくなってしまった。

○情報量を増やすために全体のフォントを小さくしたら読みにくくなってしまった。

POINT 1

国や公共機関のフォームを
おすすめしない理由

　厚生労働省が「新たな履歴書の様式例」を公開しています。性別欄が任意記載で、「通勤時間」「扶養家族数」「配偶者」「配偶者の扶養義務」といった項目がありません。ベースになっているJIS規格の履歴書フォームには、志望の動機、特技、好きな学科といった項目がありますが、ミドル層の転職活動には適しません。

　40〜50代の大人が高校生の頃を思い出して「好きな学科：国語」と書いても採用担当者からすれば冗談にもなりません。国が推奨しているからといって正しいと思い込まず、自分に適した履歴書フォームを使いましょう。

POINT 2

「OK履歴書」と「NG履歴書」
書き方の違いとは？

　「OK履歴書」と「NG履歴書」の主な違いは、職務経歴の量と詳細さにあると言えます。「OK」の職歴欄が適量で内容も充実している一方で、「NG」では入社と退社の情報が数行あるだけで、空白が目立ちます。転職の回数が少ないときは、入社と退社の年月だけでなく、所属した部署や昇格したタイミング、参加したプロジェクトなどの詳細を追記して情報を充実させていきましょう。

　逆に、転職の回数が多い場合は、入社・退社の年月のみの記入でも問題ありません。その上で、特に強調したい実績や職務経歴を詳細に記載すれば、全体としてのバランスが整い、良い印象を与えられます。

NG！残念な職歴の書き方

年	月	職　　歴
平成14	4	株式会社フレイムライト 入社
平成21	8	株式会社フレイムライト 退社
平成25	11	デジタルネクサス株式会社　入社
		現在に至る
		以上

OK！通る職歴の書き方

年	月	職　　歴
2002	4	株式会社フレイムライト 入社（正社員）
		関西支社 第2営業部 京都営業所に配属
		京都市内の個人向け携帯電話販売促進に従事
2006	5	関西支社 第1営業部 大阪本部に異動
		西日本の各営業所の統括管理を行う
		課長補佐に昇格（2008年4月）
2009	8	一身上の都合により同社退職
2013	11	デジタルネクサス株式会社　入社
		クラウドソリューション部門　第1開発部に配属
		新規クラウドサービスの開発と導入プロジェクトを
		管理するプロジェクトマネージャーに従事
		現在に至る
		以上

パソコン作成版の履歴書のサンプル（M&Aコンサルティングオリジナル）

履 歴 書

年　　月　　日現在

ふりがな	
氏　名	

写真を貼る位置

写真をはる必要が
ある場合
1. 縦　36~40㎜
　　横　24~30㎜
2. 本人単身胸から上

　　　　年　　　月　　　日生（満　　歳）　　※ 男・女

ふりがな	
現住所 〒	

携帯電話

メールアドレス

ふりがな	
連絡先 〒	（現住所以外に連絡先を希望する場合のみ記入）

年	月	学　　歴

年	月	職　　歴

年	月	賞　　　罰

年	月	免　許　・　資　格　・　専　門　教　育

その他特記すべき事項

自己PR	応募職種
	希望勤務地
	現職（前職）の給与額
	希望給与額
転職理由（退職理由）	出社可能日
	出社可能日
志望動機	趣味
	スポーツ
	健康状態

本人希望記入欄（特に給料・勤務時間・勤務地・その他についての希望があれば記入）

通勤時間　　約　　　時間　　　分

扶養家族数（配偶者を除く）　　　人

配偶者　※　有・無　　配偶者の扶養義務　※　有・無

採用者側の記入欄（応募者は記入しないこと）

ここからはM&Aコンサルティングオリジナルの履歴書フォーマットを使って説明していきます。

NG！ 不十分な履歴書例

履 歴 書

2023 年　9 月　10 日現在

ふりがな	サトウ　タロウ
氏　名	佐藤 太郎

昭和58 年　2 月　15 日生（満　40　歳）　※・男・女

写真を貼る位置

写真をはる必要が
ある場合
1.縦　36〜40mm
　横　24〜30mm
2.本人単身胸から上

ふりがな	ヨコハマシ　コウホクク　ミドリチョウ
現住所 〒	横浜市港北区緑町 3-14-7

携帯電話
090-1234-56●●

ふりがな	
連絡先 〒	（現住所以外に連絡先を希望する場合のみ記入）

メールアドレス

年	月	学　　歴
2001	3	神奈川県立横浜北高校卒業
2001	4	横浜都市大学 経済学部入学
2005	3	横浜都市大学 経済学部卒業
年	月	職　　歴
2005	4	株式会社エンパイア入社
2015	3	株式会社エンパイア退社
2015	4	ソラリステクノロジーズ株式会社 入社
		現在に至る
		以上

年	月	賞　　　　　罰
		なし
年	月	免　許　・　資　格　・　専　門　教　育
2001	10	自動車免許　取得
2003	8	日本語教育能力検定試験 合格
2008	4	ITストラテジスト 取得
2011	12	宅地建物取引士　取得
2019	2	データアナリスト 資格取得

その他特記すべき事項

自己PR	応募職種
社会人としての経験は浅いですが、頑張る意欲は誰にも負けません。よろしくお願いします。	システム開発

	希望勤務地
	東京都・神奈川県

	現職（前職）の給与額
	年収500万円

転職理由（退職理由）	希望給与額
前職は休日出勤が頻繁で、体調を崩してしまいました。加えて、給料も低く、上司とも意見が合わなかったので、環境を変えたくなり転職を決意しました。	現職と同程度

	出社可能日
	内定承諾後すぐ可能

志望動機	出社可能日
通勤時間が短くなるので、この会社を選びました。また、友達が働いていて、彼から給料も高く人間関係も良いと聞いたので貴社を志望しました。	音楽鑑賞

	趣味
	ギター演奏

	スポーツ
	ジョギング

	健康状態
	良好

本人希望記入欄（特に給料・勤務時間・勤務地・その他についての希望があれば記入）

通勤時間		
約　　　時間　　　分		
扶養家族数（配偶者を除く）		
		2人
配偶者	配偶者の扶養義務	
※　有・無	※　有・無	

採用者側の記入欄（応募者は記入しないこと）

OK 面接に呼びたくなる履歴書例

履 歴 書

2023 年　9 月　10 日現在

ふりがな	さとう　たろう
氏　名	佐藤 太郎

1983 年　2 月　15 日生（満　40 歳）　※ 男・女

写真を貼る位置

写真をはる必要が
ある場合
1.縦　36~40㎜
　横　24~30㎜
2.本人単身胸から上

ふりがな	かながわけん よこはまし こうほくく みどりちょう
現住所	〒000-0000　神奈川県横浜市港北区緑町3丁目14番地7号

携帯電話
090-1234-56●●

ふりがな	
連絡先 〒	（現住所以外に連絡先を希望する場合のみ記入）

メールアドレス
satou.tarou83@example.com

年	月	学　　歴
2001	3	神奈川県立横浜北高校卒業
2001	4	横浜都市大学 経済学部入学
2005	3	横浜都市大学 経済学部卒業

年	月	職　　歴
2005	4	株式会社エンパイア入社（正社員）デジタル事業部・営業第一課
		・新規のデジタル関連クライアントの獲得を担当。
		・主要な取引先との関係構築と維持を実施。
		・クライアントとの合同プロジェクトで、デジタルマーケティング戦略の立案と実行を成功させた。
2009	1	コンシューマ事業部・企画開発第二課に異動
		・新商品の企画・開発を担当。市場調査から製品リリースまでの全プロセスをリード。
		・部門をまたいだプロジェクトチームを統括し、製品の市場投入を成功させる戦略の策定と実行。
		・多部署間の連携を促進し、共通目標達成のための業務改善提案を実施。
2015	3	一身上の都合により退職。
2015	4	ソラリステクノロジーズ株式会社 入社（正社員）AI技術事業部・システム開発第三課
		・AI技術の研究・開発を主導し、社内外のプロジェクトに適用。
		・クライアント企業との共同研究を行い、ビジネス課題へのAI導入ソリューションを提供。
		・社内のデータ活用に関する教育・研修の実施と指導。
		現在に至る
		以上

年	月	賞　　　　　罰
		なし
年	月	免　許　・　資　格　・　専　門　教　育
2001	10	普通自動車第一種運転免許　取得
2003	8	日本語教育能力検定試験 合格
2008	4	ITストラテジスト　取得
2011	12	宅地建物取引士　取得
2019	2	データアナリスト 資格取得

その他特記すべき事項

自己PR	応募職種　プロジェクトマネージャー
多岐にわたる資格取得を通して、業界を問わず幅広い知識を持っています。丁寧なコミュニケーション能力を持ち合わせ、チームでの協力を重んじる性格です。新しいことを学ぶ姿勢を常に持ち続けており、適応力も高いと自負しています。	希望勤務地　東京都・神奈川県
	現職（前職）の給与額　年収650万円
	希望給与額　現職と同程度
転職理由（退職理由） 前職では多くの経験と知識を得られましたが、より技術的な分野に深く関与したいとの想いから、現在の会社に転職しました。新しい環境での挑戦を楽しみながら、前職での経験を生かしてきました。	出社可能日　内定承諾後、1ヶ月半～2ヶ月
	出社可能日　写真撮影、読書
志望動機 皆様の企業は業界での先進的な取り組みと高い評価を受けています。私の持つスキルと経験を活かし、一緒に新たな価値を創出するお手伝いができればと考えています。	趣味　即興ピアノ演奏
	スポーツ　テニス
	健康状態　良好

本人希望記入欄（特に給料・勤務時間・勤務地・その他についての希望があれば記入）	通勤時間　約　　時間　　分
	扶養家族数（配偶者を除く）　3人
	配偶者　※・有・無　　配偶者の扶養義務　※・有・無

採用者側の記入欄（応募者は記入しないこと）

19 書き方のコツ／【個人情報①】 和暦・西暦は絶対に統一しよう

個人情報欄は事実を埋めていくだけですが、意外な落とし穴があるから要注意。
細かいところもきちんとチェックしていきましょう。

ほとんどの人が混同している！ 和暦・西暦に注意

　個人情報欄は基本的に事実を埋めていくだけで問題はありません。しかし、書けて当たり前のことだからこそ、書けていないとマイナス評価を下される可能性があるので間違えないことを意識してください。ミスしやすいところを紹介していきます。

【1】 年月日	①実際に書いた年月日 ②提出する年月日 原則としては②の履歴書を提出する年月日ですが、それほどズレがなければどちらの日でも問題はありません。
【2】 和暦・西暦	年月日よりも重要なのが、学歴・職歴・免許・資格欄での和暦・西暦の表記の違いです。学歴・職歴では和暦だったのに、免許欄では西暦になっていることを採用担当者は見逃しません。必ず和暦・西暦は統一してください。単純なところでミスをしてマイナス評価にならないように気をつけましょう。
【3】 名前	「ふりがな」と指定がある場合はひらがなで、「フリガナ」の場合はカタカナで書きます。
【4】 現住所	住民票に掲載されている表記で記載します。「大字」なども省かずに正式な形で書きましょう。特に、町・番地・号などの略式表記は要注意。一般的にはハイフンで「5-8-21」とするところをきちんと「５丁目８番地２１号」と正式な表記にしてください。後に続くアパートやマンション名も略さないで、住民票通りに記述する。なお、住所にもふりがなを書く欄があるので忘れないようにしてください。意外と忘れる人が多いです。電話番号に関しては、携帯電話番号のみで問題ありません。メールアドレスは、連絡がすぐに取れるものを掲載するようにしてください。

POINT 1

個人情報の記入例

　履歴書に個人情報を記入する際に、年月日や生年月日、職歴・学歴と資格取得の和暦・西暦は混在させる人が本当に多いので、必ず統一してください。

　名前や現住所の「ふりがな」は必ず記載し、現住所は郵便番号から正確に書くようにしましょう。連絡先がない場合は空欄で問題ありません。

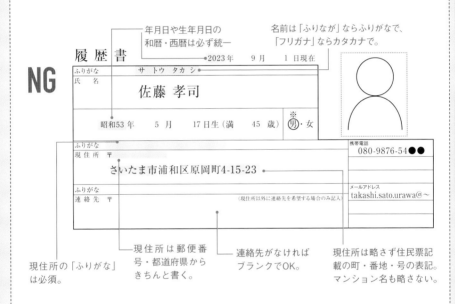

年月日や生年月日の
和暦・西暦は必ず統一

名前は「ふりなが」ならふりがなで、
「フリガナ」ならカタカナで。

NG

現住所の「ふりがな」
は必須。

現住所は郵便番号・都道府県から
きちんと書く。

連絡先がなければ
ブランクでOK。

現住所は略さず住民票記
載の町・番地・号の表記。
マンション名も略さない。

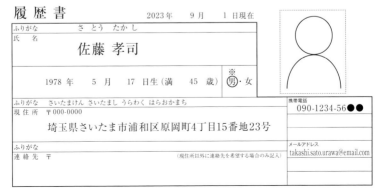

OK

20 書き方のコツ／【個人情報②】メールアドレス、学歴etc.

かつての履歴書フォームではメールアドレス欄がありませんでした。
現住所欄の下に必ずある「連絡先欄」を使えばいいって知っていましたか？

連絡先欄とメールアドレス欄の意味

　現住所欄の下にある「連絡先欄」は、「現住所以外に連絡を希望する場合のみ記入」という注釈があります。例えば応募時は実家にいるけれど、転職活動時には東京都内の住居で行う、というときに記入連絡先欄には書き込みます。

　メールアドレスに関しては、弊社オリジナルのフォームでは、メールアドレスを記入する欄があります。しかし、メールアドレス欄がないフォームの場合は連絡先欄に記入するようにしてください。

　なお、記入するメールアドレスは、現職の会社のものを使うのは控えてください。あくまで自分が個人で使っているものを必ず使用しましょう。

　その際に、転職活動をするのに相応しくないアカウントはNGです。数年前までは「GmailやYahoo!メールといったフリーメールはやめるべき」という風潮がありました。ところが最近はむしろこういったメールアドレスを使うのが主流になってきていますので、新しく転職活動用のメールアドレスを作ってください。

メールアドレスのNG例

○sweet-maronchan@〜
○harapeko.everyday@〜
○killer1234@〜

「5gipCHlpwg8F3Gv303k4@〜」というように、初期設定のまま使っていると見なされてITリテラシーが低いと思われてしまう可能性があります。採用担当者に良い印象を与えるような転職活動用のメールアドレスを取得しても良いでしょう。名前といくつかの数字を組み合わせるのが無難で長く使い続けられるのでおすすめです。

POINT 1

ウケの良い学歴欄を書くコツ

学歴欄の記入は、最終学歴からどこまで遡るかで迷いがちです。ポイントは「売り」になるかということと、職歴のスペースが確保できるかによります。地方新聞社やローカル企業では、高校閥があるので該当する高校だったら「売り」になりますし、地元企業だったら中学校・小学校を卒業したことも「売り」になることがあります。

記入例

年	月	学　　歴
1996	3	埼玉県立青雲高等学校 普通科 卒業
1996	4	首都光学大学 グローバルビジネス学部 イノベーション経営学科 入学
2000	3	首都光学大学 グローバルビジネス学部 イノベーション経営学科 卒業

大卒の場合、学部・学科まで細かく書きましょう。
高卒の場合は普通科なのか商業化なのかなど、専攻を書きましょう。

POINT 2

もし2つ大学に入っていた場合は？

大学を中退したり、大学院に入ったり入り直して2つ以上の大学や大学院に在籍していた場合、基本的には新しい方の学歴を優先します。ただし、優先したい大学がある場合は、順序は変えても問題ありません。たとえば、難関大学を中退して数年に通信制の大学に入り直して卒業した場合、最終学歴は通信制大学卒業になります。しかし、難関大学に入学できたことをアピールしたいときは、大学を中退したことと、通信制大学の卒業を併記しましょう。

両方書く

○慶蹊大学法学部卒業
○通信大学教養学部卒業

良い方のみ

○慶蹊大学法学部中退

21 職歴は情報の多すぎ・少なすぎを避けよう

職歴は長すぎても短すぎてもいけません。転職回数が多くても少なくても
ボリュームを調整して適度な量で的確に伝えましょう。

職歴はもっとも重視される場所だからこそ プレゼン力をアピールしよう

　職歴は採用担当者がもっとも知りたいことのひとつです。そのため、どんな履歴書フォームでも職歴を書く欄は大きいです。社会人になってから長いキャリアがあるミドル層は、人によって大きく職歴が異なります。一社に長く勤めてきた人もいれば、短期間で転職を繰り返してきた人もいます。

　いずれにせよ、職歴を書く上で重要なのはちょうど良いボリュームにすることです。一社しか転職したことがなければ、分量が少なくなりがちになります。そうなると、採用担当者にやる気が感じられないと思われてしまう可能性が高くなります。彼らは職歴の中で何をしてきて何ができるのかということを時系列で知りたいと思っています。転職歴がほとんどなければ配属先や携わってきた業務内容やプロジェクト、そのときの役職などを具体的に書くことで詳細に伝えるようにしてください。

　かといって書きすぎはNGです。ミドル層がやりがちなのが「アピールしなくちゃ」と一生懸命大量に職歴を書いてしまうこと。大事なのは伝えるべきことを適切な分量で伝えることです。書類を作る能力やプレゼン力も見られていることを覚えておきましょう。

POINT 1

職歴欄の情報が 少なすぎる

　20年以上勤務してきて入社・退社のみだったら情報が少なすぎます。どんな部署で何をしてきたのか、どんな役職だったのか見えてきません。

年	月	職　　　歴
1998	4	ネクステックソリューションズ株式会社 入社
2023	5	ネクステックソリューションズ株式会社 退社
		以上

POINT 2

情報が
多すぎてもNG

ミドル層がやりがちなのは、自分の仕事の経験を細かく書きすぎてしまうこと。かといって情報が少なすぎると、自分がどんな人か伝えきれないので、適度な量を書くことが大切です。

採用担当者は、あなたがこれまでに何を経験してきたのかを一通り知りたいと考えています。入社や退社の日付だけでなく、その会社でどんな仕事をしていたのかを簡潔に書いてください。

詳細すぎると書く技術が下手だと思われる可能性があるので要注意。あくまで職歴欄ですから、全体の流れをつかめるように適切な情報を的確に盛り込みましょう。

NG これは多すぎ！（書きすぎ）

年	月	職　歴
1998	4	ネクステックソリューションズ株式会社 入社
		事業内容：業務用システム開発・販売　資本金3億円　従業員1,200名
		入社後、東京本社 営業部 第一課に配属
		新規顧客の開拓および既存顧客のリレーションシップ維持を主導
2001	4	大阪支社 営業部 第二課に異動
		関西地区の主要アカウントの管理と新規顧客獲得プロジェクトを推進
		9割以上を新規開拓で、1割弱を既存顧客のフォローを行う
2004	4	名古屋営業所 システム開発部 第一課に異動
		営業部と連携し、中部地区のクライアント向けのカスタムシステム開発をリード。
		営業部での経験を活かし、クライアント視点でシステム開発の管理を実施
2007	5	福岡支社 人事部 第二課に異動
		九州地区の採用活動と研修プログラムの実施を担当。
		営業部とシステム開発部での人材育成の経験を買われ、人事部へ異動
2010	4	東京本社 経営企画部 第一課
		本社へ戻り、全社的な視点で中長期戦略の策定や新規事業の立案に関与。
2014	10	仙台営業所 技術研究部 第二課
		新しく立ち上がった東北地区での技術研究開発をリードし、
		新しい技術の導入と実用化を目指す
2016	9	仙台営業所 営業部長へ昇進
2023	5	ネクステックソリューションズ株式会社 退社

情報が多すぎると、アピールしたいポイントが分からず
読む側に負担がかかるので注意しましょう。

22 職歴の退職理由の NG例

ミドル層の転職では必ず転職理由を聞かれます。ダメな回答例を
ご紹介しますので、しっかり回答できるように準備しておきましょう。

退職理由は 100%チェックされる

　ミドル世代の転職時において、必ず質問されるのが退職する理由についてです。その正当性や妥当性を深く聞かれることは間違いありません。「なぜ転職するのか」という問いに対して回答を見つけておきましょう。

　たとえば、10年以上前に「仕事が合わないから辞める」というわがままな理由で自己都合による退職をしたとします。もちろん、その理由からすれば良い印象は与えられませんが、昔の話だから「若気の至り」ということで納得してくれるかもしれません。

　ところが、この2、3年のうちに同じようなわがままな転職を繰り返していたら、採用担当者からすれば悪い印象しか残りません。

　いずれにせよ、転職する理由は必ず問われるので、あらかじめ答えを準備しておいてください。

　一方、人間関係のトラブルなどで辞める場合、「一身上の都合」と書くだけにとどめてください。「私は悪くない。会社が悪いのです」と言いすぎると、逆に悪い印象を与える恐れがあるからです。「そんな理由で辞めちゃうの？」と思われる可能性があります。「当社はもっとひどいよ」などと言われてしまうかもしれません。それを避ける意味でも、サラリと書く程度にしておくのが無難です。

NG例

年	月	職　　歴
2004	4	太平建設株式会社入社
		〜
2020	3	太平建設株式会社退社

「退社」だけでは、なぜ会社を辞めたのか見えてこないので、採用担当者は納得できないでしょう。

POINT **1**

会社都合の退職は
リストラも含めて具体的に書く

会社都合の退職の場合、「倒産による会社都合で退職しました」「会社移転のため通勤が難しくなった」「雇い止め」などのように転職せざるを得ないことをしっかりアピールしてください。

特に勤めている会社の倒産や事業部の撤退などの場合は、具体的に書きましょう。

また、リストラされた場合はマイナスと思えるかもしれませんが、大手企業が当たり前に行う時代なので「経営不振で人員削減のため、会社都合で退職」と正直に書いた方がむしろ良い印象があります。

OK例　やむを得ない場合

年	月	職　歴
2004	4	太平建設株式会社入社
		～
2020	3	事業所閉鎖のため会社都合退職

勤務先の倒産や事業所の閉鎖といった場合は不可抗力なので、具体的に書いておくことで採用担当者に納得してもらえます。

OK例　本音や事実をそのまま伝えると不利な場合

年	月	職　歴
2004	4	太平建設株式会社入社
		～
2020	3	一身上の都合により退職

自己都合による退職の場合、人間関係や給与面での不満といったことを具体的に書くと悪い印象を与えかねないのでサラリと済ませておきましょう。

CHAPTER 1

CHAPTER 2

CHAPTER 3

CHAPTER 4

23 賞罰、免許・資格・専門教育の書き方 「社長賞」は書いていい？

賞罰や免許・資格・専門教育欄には何を書けば良いか迷うことが多いです。
最近では問われることも少なくなったので削除するのもありです。

賞罰には何を書く？
欄ごと削除もあり

「賞罰」の「賞」は受賞歴や表彰歴を表し、「罰」は刑法犯罪における有罪歴を指します。ほとんどの人が「なし」ということになるでしょう。「賞」は社会的に認知度の高い賞や国際的なイベントで得られた賞のことです。社内の賞や営業成績1位といったものは職歴や自己PR欄に書くべき内容になります。

スピード違反や駐車違反は書かなくても良いけれど、酒気帯び運転や無免許運転などの比較的重い「赤切符」は書かなければなりません。書かないと経歴詐称になる可能性があります。ただ、最近では賞罰に関することはあまり問われることがないし、必須事項でもないので、欄自体を削除してしまっても特に問題はありません。

免許・資格・専門教育の注意点

免許・資格・専門教育欄の記述に関しては、注意点は2つあります。
①応募職種に適合しているか
②資格を持っていないのにこれから取得することをPRしていないか

①勉強していることをアピールしようとして取得した資格をすべて並べるのはマイナス効果になりがちです。たとえばメーカーの経理職に応募しているのに「宅地建物取引士」を取得していると訴求すると「この人は不動産業界に行こうとしているのか」と採用担当者から勘繰られる恐れがあります。また、経理の業務に関連しているけれど税理士の勉強をしているとPRすると、「税理士として独立するのを目指していて、当社への転職は腰掛け程度なのではないか」と思われてしまいます。担当者がどう考えるか考えながら見せ方を工夫していきましょう。
②「来年4月の税理士資格試験を目指して勉強中」と書いてしまうのは少々危険です。「40歳を過ぎても自分を大きく見せようとしている」と採用担当者に思われてしまうかもしれません。書くことがなくて空欄になってしまっても虚勢を張るよりはましと考えて勇気を持って空けておくことも大事なことです。

POINT **1**

ミドル層にありがちなミス
（経理職へ応募する場合）

経理職へ応募するという設定でシミュレーションしてみましょう。経理とは関係ない資格や、関係があったとしてもふさわしくない書き方があります。具体例を見て参考にしてください。

柔道初段や英検取得が
経理職に関係あるのか

簿記やFPは経理と関係しているが、３級や４級を取ることが「売り」になるか確認すべき

年	月	免許・資格・専門教育
1998	4	柔道初段取得 ①
2005	3	日商簿記４級取得 ②
2008	5	実用英語技能検定３級取得 ①
2016	6	３級FP技能検定取得 ②
2019	2	財務報告実務検定取得 ③
2020	8	TOEIC520点取得 ④
その他特記すべき事項		
税理士試験合格を目指して勉強中 ⑤		

現在学習中のことを書いても良いけれど、合格することを要求されることを覚えておこう

あまり知名度が高くない民間資格は逆効果になりかねない

TOEICは600点以上がひとつの基準になる

24 「転職（退職）理由」の書き方のコツ

転職の理由はさまざまあります。その理由によって転職の成否が分かれるのもまた事実です。どんな理由だと成功確率が上がるのか見ていきましょう。

退職理由は100%聞かれること
具体的かつ熱意をもっと回答しよう

退職理由は必ず採用担当者から質問される項目です。なぜなら、最も知っておきたいことのひとつだからです。書類選考の際に最重視されます。退職理由によって、あなたが「無責任な人」なのか「誠実で信頼に足る人」なのか、人間性の輪郭が見えてくることがあるのです。

そのため、弊社の履歴書フォームには、退職理由を十分に書けるスペースを設けてあります。具体的で納得できる理由を書くことで、通過する確率は劇的に上がるでしょう。ですから、未記入や「キャリアアップのため」といった抽象的なものはやめてください。「新卒の頃から憧れていて、よ

うやく転職できるチャンスが来た」といったミドル層にしては若々しくて多少荒削りなコメントであっても問題ありません。むしろ熱意が伝わるので好感触を得られるでしょう。

逆に、前職の不平不満や誹謗中傷などのネガティブな内容は控えるべきです。自分をよく見せるために前の会社を下げることは無意味です。そんなことをわざわざしなくても大丈夫。中高年の転職市場が活性化してきたとはいえ、あなたが厳しい状況の中にいて、やむを得ず決死の覚悟で転職しようとしていることを採用担当者は熟知しています。

POINT 1

異動を受け入れられず辞めた

会社の都合での異動が受け入れられずに辞めたという場合、
多少ネガティブな要素があってもOK。

OK例①

私の過去のキャリアは、入社してから約20年間、一貫して営業の仕事を手掛けてきました。ところが、昨年の終わりになって市場調査部への配置換えを示唆されました。私はこれからも営業を中心にキャリアを進めていきたいと要望を出しました

が、配置換えの意向は固く、最短でも3年は営業の業務に戻ることはできないとされました。営業としてのスキルを休眠状態にしないため、新しい職場を模索することにし、人事異動が発表される前に会社を退職することにしました。

リストラによる退職

社内の状況からリストラされる日が近いことが予測されるのは
転職する正当な理由になります。無理に前向きなことを言わず、
正直に伝えようとしている点で好印象を与えられます。

OK例②

新型コロナの影響でメインのビジネスパートナーが大損害を被り、前の仕事では前年度比で売上が70％減少し、危険な状態に陥りました。それに伴い、厳しいリストラ策が採られることになり、これまで企業の成長を支えてきた同僚たちも次々と職を失いました。「次は私が解雇されるのではないか」という不安からくる疑念に駆られながら働くことは、モチベーションを維持するのが困難でした。そこで一度立ち止まり、新たな道を探すことを決め、退職を決断しました。

転職しよう！

採用時の話と異なる配属

前職の転職が1年以内であっても、当初の話と
実際の入社後の話が食い違っているのであれば、自分の仕事に対する想いと
現実の違いを書くことで採用担当者は納得してくれるでしょう。

OK例③

前職では中間管理職の候補という前提で雇われました。しかしながら、私が担当した最初の年は、基本的なスタッフ職のタスクしか割り当てられず、管理職への昇進は数年先だと説明されました。私の目指すのは管理能力を向上させることであり、そのためにこの職を選びましたが、現状ではただ時間を浪費しているだけと感じ、退職を決断することにしました。

管理職

スタッフ職

25 「自己PR」「志望動機」は 2つの点をクリアすべき

「自己PR」「志望動機」は熱い想いを盛り込める数少ない項目。
ありがちなコメントではなく、その会社に向けて自分の言葉で書きましょう。

熱い想いは具体的な理由を オリジナルの言葉で書く

履歴書に入れる自己PR文は、職務経歴書に記載する自己PR文の要約を書くようにしましょう。「詳細は職務経歴書をご確認ください」はNGです。まったく異なる内容を書き直す必要はなく、経歴書の自己PRの概要を伝えるイメージで大丈夫です。あくまで履歴書は履歴書として完結させることが重要です。

また、志望動機については、「貴社にどうしても入りたいのです！」という熱い想いを伝える唯一の項目ですので、とても大切です。

志望動機には、以下の2つについて書いてください。

> ①なぜこの会社のこの職種なのか
> ②そこで自分は何ができて、どのようにこの会社で貢献していきたいのか

熱い思いを伝えるというと「がんばります！」といった抽象的なことになりがちです。下記のNG例のような抽象的な自己PRは極力避けるようにしてください。

POINT 1

抽象的な自己PRは避けよう

Web上に落ちていたようなありきたりな文章を加工して使うのではなく、
きちんと自分で熱い想いを込めて書いた言葉でコメントしてください。

NG例

"地域社会の信頼を維持しながら成長を続ける"という貴社の理念に、深い共感を覚えました。社会への貢献が見込める貴社で、私自身も力を発揮したいと強く感じ、応募する決意を固めました。

POINT 2

具体的な理由を
熱い言葉で伝えよう

あなた自身の業務体験を元に、前述の項目①と②を具体的かつ簡潔に語ることが、良い内容を作るための秘訣です。抽象的な表現や、どの会社でも使えるような一般的な内容は避けましょう。必ずその会社に向けて、オリジナルのコメントを書くようにしてください。

OK例①

熾烈な競合環境の中で磨き上げられた不動産の営業力と経験は、貴社の舞台で最大の効果を発揮できると信じています。これは、貴社の結果重視の姿勢と私の志向が深く共鳴したからです。

貴社が長い年月をかけて構築した信用と安心のブランドを背に、ただそれに満足することなく、確実に業績を達成する営業担当者になる自負があります。その意欲を持って今回エントリーさせていただきました。

OK例②

前職と同じ業界、そして同様の企業規模を持つ貴社であることが、私がこれまでに培ってきた15年間の経理の経験とスキルを全面的に活用できる確信につながりました。前職の会社が惜しまれながらも閉鎖してしまい、生涯を捧げるつもりでいた私にとって、安定的な成長を遂げている貴社には強い魅力を感じています。落ち着いた職場で、私のスピーディーさと正確さを生かし、貴社の発展に寄与したいと心から願っております。

OK例③

私が約20年間働いてきた食品業界で、貴社は40年間にわたってトップシェアを保ち続けるという非凡な成果を達成している特別な企業です。

新たなヒット商品を続々と生み出していく貴社の商品開発力には深い敬意を抱いています。直近の10年間、私は商品開発のフィールドで活動してきました。その中で、一昨年に大成功を収めた△△という商品の開発プロジェクトでは主要な役割を果たしました。その経験とスキルを持ち、私が長年に渡り憧れてきた貴社で活かすことを望んでいます。それが、今回応募する理由です。

26 その他の項目は、どの項目も油断は禁物

その他の項目は軽視されがちですが、採用担当者は目を通しています。
すべてを書き込んで人となりをアピールしましょう。

空欄や「特になし」は絶対NG！
細かいことでもPRしていこう

　弊社の履歴書フォームでは「応募職種」「希望勤務地」「現在（前職）の給与額」「出社可能日」「趣味」「特技」「スポーツ」「健康状態」という欄を設けています。それぞれ記入スペースが大きくないので端的に分かりやすくポイントを絞り込んで伝えなければなりません。書き方がわからないからとか書くことがないという理由での空欄はNGです。すべてを埋めるようにしましょう。

希望職種	応募先の公開している職種の正確な名称を明記します。 ●記入例 財務管理の経理部門 ●ポイント 求人情報の詳細を事細かに、誤りなく記載すること
希望勤務地	「特になし」というよりも「応募先の勤務地に準じます」や「国内全域での勤務が可能」がより有効です。 ●記入例 貴社の求人情報に記載された勤務地に従います ●ポイント 希望とはいえ、思いつきで書くのは避けるべき
現在（前職）の給与額	採用時に源泉徴収票の提出が必要になるので、嘘をつかずに事実を正確に記入します。 ●記入例 年収は約600万円 ●ポイント 真実を曲げずに、正確な金額を記述する

希望給与額	求人情報に給与が明示されている場合、その額を記入します。一定の額に固執がある場合は、その額を記載してください。どちらにも該当しない場合は、「貴社の規定に準じます」と具体的な回答を避けましょう。 ●記入例 貴社の規定に準拠します ●ポイント こだわりがない場合は、標準的な表現を使用
出社可能日	現在失業中であれば「即時出勤可」や「すぐにでも勤務可能」が適切です。在職中であれば、引継ぎ期間や退職に必要な手続きの日数を考慮し、現実的な出勤開始日を算出して記載します。 ●記入例 内定後約1ヶ月 ●ポイント 可能な限り最短の日付を記載すること
健康状況	通常の勤務に支障がなければ「良好」、過去数年間に体調不良や病欠がない場合は「極めて良好」とアピールします。 ●記入例 非常に良好（過去3年間で病欠なし） ●ポイント 「良好」以上であれば、それを強調する表現を用いる
趣味	「読書」「音楽鑑賞」「映画鑑賞」「ゴルフ」など一般的なもので問題ありません。特別に気取ったことを記載する必要しなくて大丈夫です。 ●記入例 読書（月に約10冊、最近は明治維新について） ●ポイント 頻度や興味のあるテーマなど具体的な情報を加えると伝わりやすくなる
スポーツ	特殊なものがなくてもウォーキングやジョギングでも問題ありません。 ●記入例 ウォーキング（休日は約2時間程度散歩します） ●ポイント 激しいスポーツである必要はない、適度なものでも問題なし
特技	職務に直接つながるものを記述するのが理想です。一般的なものでは「PCやアプリの操作」、経理職では「暗算」、接客・営業職では「人の顔と名前を覚えること」、事務・総務職では「整理整頓」など。 ●記入例 アプリの選択やインストール、利用方法 ●ポイント DX関連の能力はビジネスにおいて必須なのでアピールポイントになる

27 事実を粛々と書こう

通勤時間や扶養家族数などは事実をそのまま書きましょう。
プラスアルファの部分は通信欄をうまく活用すると効果的です。

事実をありのままに
ブランクや偽情報は絶対書かない

　弊社の履歴書フォームには「本人希望記入欄」「通勤時間」「扶養家族数」「配偶者の有無」「配偶者の扶養義務」欄があります。「本人希望記入欄」以外の工夫は不要なので書きやすいはずです。

通勤時間	最速の移動経路に基づいて、自宅から会社までのドア・ツー・ドアの時間を記載してください。勤務地がまだ決まっていない場合は、空白にしていただいて構いません。
扶養家族数、配偶者の有無、配偶者の扶養義務	事実をありのまま伝えます。経験やスキルとは直接関連がないものの、残念ながら「男性は家庭を持つことが真の成人である」、「40歳以上でまだ独身なの？」という視点から応募者を評価する採用担当者は存在します（これは欧米ではプライバシーの侵害と大きな問題になり得ますし、日本でも徐々に改善されつつあります）。空欄のままや偽の情報を記載するのは絶対やめてください。

POINT 1

通信欄の活用法

「通信欄」は、書き方がわからずに空白で出す人も多いです。希望などがなければ書かなくてもかまいません。一方、有効な活用方法として、マイナスととられかねない点や説明不足の点などに対してのフォロー、応募者の希望事項について書くやり方があります。

たとえば連絡方法、通勤時間については以下のようなイメージです。

・現在、職務に就いておりますので、平日のお電話でのお問い合わせは夜の7時以後にいただければ大変ありがたいです。
・もし、本社での勤務が必要な場合、約1

時間30分の通勤時間が必要になりますが、前の職場では5年間にわたり2時間の通勤を経験していたので、通勤による問題はありません。

採用担当者が気になる問題に先んじて対処しておくことは非常に役立ちます。教育や就労の経歴に空白がある際、次のような説明が有効です。

・2020年の5月から2021年の8月まで、主に行政書士の試験対策に集中していました。

このように、通信欄には設定された項目の範囲内で伝達しきれない情報を含められます。

OK例① 連絡方法

現在、勤務中で電話応対が困難な状況ですので、連絡は電子メールでいただけますと幸いです。なお、メールは1日に2回、朝と夜に確認しております。

連絡が取れない場合があり得るので、事前に伝えておくことで好意的に受け取られます。

OK例② 健康状態について

現在、過去の病歴により定期的に医療処置が必要で、月に一度の通院が必要です。しかし、通院日は休日も含めて柔軟に調整可能なので、通常の勤務に影響を与えることはないと自信を持って申し上げます。

採用後に既往症が判明し、問題に発展するケースも存在します。傷病・疾患については「業務に影響があるかどうか？」が人事の評価基準であるため、事前に言っておくことはとても有効です。

OK例③ 職歴上の空白期間についての弁明

2018年の8月から2019年の7月までの約1年間が空白期間ですが、その期間は主に就職活動に専念しておりました。雇用環境の厳しさについて痛感したので、もし貴社で働く機会をいただけるならば、仕事の価値を十二分に理解し、一生懸命働く決意を

しております。

履歴書上で明記できない空白期間は、上記のように記述します。この年代特有の困難を未来に向けて活かす決意と意欲は、効果的な手法といえます。

28 ミドル層のよくある誤解 「読んでもらえる」は幻想

採用担当者のところには何百人もの応募者から書類が届いています。
そこから選んでもらうにはどうしたら良いか考えて書類を作りましょう。

「読ませる書類」ではなく 「見やすい書類」を作ろう

　職務経歴書は、履歴書と違って特定のフォームがありません。しかし、ミドル層に限って考えると、適した形の書き方が見えてきます。

　推奨されるページ数は2枚でまとめることです。一部の書籍やキャリアコンサルタントは1枚にまとめることを提案しています。しかし、ミドル層の人がそれをすると、長年の職歴を盛り込むことになり、必然的に情報が増えるため1枚に詰め込むと窮屈な感じになりがちです。そうなると、本当に伝えたいことが埋もれてしまって伝わらない可能性が出てきます。その点を考える

と、ある程度余裕を持てる2枚程度にまとめることをおすすめします。

　重要なのは、「必ずしっかりと読んでもらえる」と考えるのは幻想だと理解しておくことです。採用担当者には、何百人もの応募書類を一つ一つ精読する時間はありません。同じような文章が続く職務経歴書を読むのは、非常に大変な作業です。

　したがって、「読ませる」よりも「見せる」ことに重きを置いて、表や太字、下線などを活用し、訴えたいポイントを明確に示す「見やすい職務経歴書」作成を心掛けていくことがポイントになります。

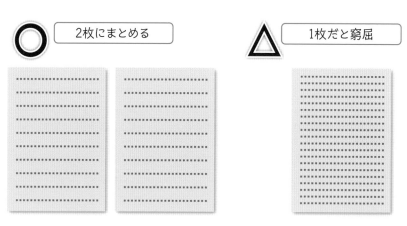

○ 2枚にまとめる　　　△ 1枚だと窮屈

POINT 1

書類作成能力が当落を決める
と心得よう

　職務経歴書は自由形式ですが、何でも記述できるという意味ではないし、独自性を求められるものでもありません。採用担当者が確認したい項目をきちんと理解して内容に含めることが肝要であることは覚えておきましょう。

　例えば、ミドル層だとハンディやマイナス要素をあらかじめ先取りし、対策を講じ

ておくことが一例です。この年齢層が対象の求人は、競争相手が多く参加することが予想されます。同様の経験や能力でも、視覚的に理解しやすい職務経歴書を作れる「書類作成スキル」によって、書類審査をクリアするかどうかの差が生まれることを理解してください。

NG例　ミドル層によくある誤解

よくある誤解	解説
市販の履歴書のセットに含まれるフォームに、手書きで職務経歴書を作成すれば十分	現在ではパソコンで作成することが一般的。手書きで職務経歴書を作成するべきでありません
1枚にまとめるべき	豊富なキャリアを持つ年代なので、1枚だけでは情報を十分に記述できない場合があります。適切な長さは2枚。最大でも3枚にまとめましょう
詳細をすべて書かなければ、メッセージが伝わらない	あらゆる情報を記載する必要はありません。読み手の視点から見て、情報を選択し、必要なものだけを記載すべきです
色のついた用紙を使い、他社の書類と区別したい	色付きの用紙は適切ではありません。豊富なビジネス経験を持つミドル層がこれを行うと、否定的な評価を受ける可能性大です
書類を提出しさえすれば、しっかりと読んでもらえる	そもそもミドル層の求人は少ないから競争が激しい。書類が難解か不完全であれば、念入りに読まれる前に却下される可能性があります。
特定の形式がないから、思いついたことをそのまま書き込んで作成すれば良い	採用担当者が何を知りたがっているのかを理解し、それに基づいて構成しないと、ただの事実の並べ替えになってしまいます。
Webレジュメで既に記入した情報は、職務経歴書に再度書く必要はない	「応募書類はそれぞれで完結する」が基本原則。情報の省略や他書類を参照させるのは不適切です。

29 「編年式」2タイプの使い分け方

職務経歴書は時系列の「編年式」で作りますが、年代順と逆年代順の2つの
パターンがあります。ミドル層は逆年代順の方がおすすめ。その理由とは？

編年式には
2つのタイプがある

「編年式」の職務経歴書は、時系列で記述するスタイルの一つです。これは一般的で標準的な書き方で、特異なキャリア経歴を持たない人には表現しやすいと書き方と言えます。採用担当者もこのスタイルに馴染んでいるので、理解してもらいやすいというメリットがあります。この「編年式」は「年代順形式」と「逆年代順形式」という2つのバリエーションに分けられます。

転職回数が多い場合や一つの会社で頻繁に異動をした場合、それぞれの職歴を同じ分量で書くと全体のボリュームが大きくなってしまいます。長すぎる職務経歴書は採用担当者が読んでくれない可能性があるので、避けたいところです。

その場合は応募する職種と関係のない経歴や古い実績を削減し、2ページ以内にまとめる工夫をしましょう。

「編年式」の職務経歴書を作るときに注意すべきなのは、単なる事実の羅列にならないようにすることです。履歴書の職歴欄をそのまま並べたものでは意味がありません。

そもそもなぜ履歴書とは別に職務経歴書を作るのか。

その意義を考えて作成するようにすると間違いはなくなります。

編年式
年代順形式‥‥‥‥‥新卒入社から古い順に職歴を記載する
逆年代順形式‥‥‥‥直近の職歴から過去に遡って記載する

POINT 1

「年代順」と「逆年代順」の
選び方のコツ

　ミドル層は職歴が長いため、「年代順形式」で昔の経験を最初に持ってくるよりも、「逆年代順形式」で最近の経験を強調した方が求職情報に当てはまるケースが多いです。

　最新の経歴をアピールすることで、採用担当者の知りたいことに適した情報を伝えられる可能性が高まるわけです。

　もし過去の経験が求められる応募内容であれば、「年代順形式」で、古い職歴が目立つように時系列で作成することで、内定獲得の確率が高まるはずです。

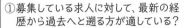

まずは、「編年式」での作成を考える

①募集している求人に対して、最新の経歴から過去へと遡る方が適している？
②新卒での入社時から時系列順に見せた方が売りになる？

①のケースでは
最新の経歴から過去に遡る
「逆年代順形式」を採用する

②のケースでは
新卒入社時から時系列に紹介する
「年代順形式」を採用する

※未経験の業界へ転職してどちらにも当てはまらない場合、一般的には「逆年代順」を選択するのがベスト（採用担当者は10年や20年前の経歴から順番に読むのは避けたいと思うでしょう）。

POINT 2

「編年式」で
やってはいけないこと

　「編年式」の職務経歴書を作る際には、ただ事実を並べるだけにならないよう気を付けましょう。経験豊かなミドル層でもやりがちな間違いです。単に履歴書の職歴欄のようになってしまったら、職務経歴書を作る意義がなくなってしまいます。

　なぜ職務経歴書を履歴書とは別に作る必要があるのでしょうか。この理由をしっかり考えることが重要です。

　自分のアピールポイントを明確にして、わかりやすく伝わるように設計していく必要があります。

　本来の職務経歴書の持つ役割に沿って作成すれば、ミスを防げるはずです。

NG例	年	月	職　　　歴
	2001	4	株式会社インフィニテックス 入社（正社員）
			事業内容：システム開発　資本金8000万円　従業員：100人
			配属：山梨支社 甲府研究所　第2開発部
			業務内容：ECサイトの顧客データベース構築に従事
	2004	3	開発副主任に昇格
	2008	4	東京本社　ソリューション事業本部　クラウドサービス開発課に異動
	2014	10	東京本社　人材開発部　人材開発課に異動
	2018	8	採用課長補佐に昇格

編年式の例

2023年9月10日現在

職務経歴書

名前: 佐藤 雅彦

●職務要約

　大学卒業後、新卒でIT企業に就職。5年後に部署を異動して課長に昇進。その後、さらなる技術力向上のために桜雲工業専門学校に入学しました。フリーランスとして多様なプロジェクトに関与した後、新たな挑戦として別の企業に転職しました。Microsoft製品（Word、Excel、PowerPoint）を駆使し、Adobe製品でのグラフィックや動画編集も得意としています。多角的な技術力と豊富な経験で、即戦力として貢献できます。

●職務詳細

○2020年4月〜現在　株式会社テクノロジーアドバンス

　事業内容：システム開発・販売　資本金2億円　従業員500名　非上場企業

期間	業務内容
2020年4月 〜 2022年3月	【配属部署】東京本社 研究開発部 【職位】シニアエンジニア
	【業務内容】 ・新技術の研究と導入 ・内部システムの保守と改善 ・開発チームのメンタリング ・プロトタイピングとテスト運用 【主な実績】 ・新技術導入による業務効率向上20% ・システムダウンタイムの削減50% ・開発速度の向上による新プロジェクト2件の獲得 ・チームのスキルセット向上に貢献
2022年4月 〜 現在	【配属部署】東京本社 ソフトウェア開発部 【職位】プロジェクトマネージャー
	【業務内容】 ・プロジェクトの計画、進行管理 ・チームビルディングと人材マネジメント ・クライアントとの契約交渉・提案活動 ・開発プロセスの最適化と効率化 【主な実績】 ・年間売上向上率20% ・プロジェクト完了率95%以上の維持 ・新規クライアント獲得による売上20%増 ・開発期間の短縮によるコスト削減15%

○**2015年12月〜2020年3月　フリーランス・システムエンジニア**
【業務内容】ウェブ開発・グラフィックデザイン・システム構築
【主な実績】50以上のプロジェクトを成功裏に完了

○**2014年4月〜2015年11月　桜雲工業専門学校**
AIエンジニアリング科を専攻

○**2005年4月〜2014年3月　株式会社イノベーションネット**
事業内容：ITソリューション開発　資本金5億円　従業員：2,000人　上場企業

期間	業務内容
2005年4月 〜 2014年3月	【配属部署】システム開発部 セキュリティ課 【職位】課長
	【業務内容】 ・チームマネジメントおよび人材育成 ・セキュリティ対策の設計と導入 ・社内・社外のセキュリティオーディット ・クライアント向けのセキュリティコンサルティング ・予算管理と資源配分 【主な実績】 ・年間成果目標達成率100% ・セキュリティインシデントのゼロ発生 ・社内セキュリティ教育の完全実施、従業員のセキュリティ意識向上 ・顧客満足度の向上によるリピート率85% ・セキュリティ関連の新規プロジェクト3件の獲得

●**貴社で活かせるスキル・経験**
・プロジェクトマネジメント
・システム開発（フルスタック）
・グラフィックデザイン・動画編集（Adobe Illustrator、Photoshop、Premire Proを活用）
・人材マネジメント・チームビルディング
・セキュリティ対策

●**自己PR**
　私は、確かな技術力と業界での多角的な経験を活かし、新しい環境でも即戦力として貢献できる自信があります。桜雲工業専門学校での学びからフリーランスでの業務、さらにはプロジェクトマネージャーとしての職務経験により、多様なスキルと深い知識を有しています。
　勉強熱心であり、常に最新の技術トレンドに目を光らせています。また、コミュニケーション能力が高く、どんなチームでも高い生産性と協調性をもたらすことができます。これまでに多くのプロジェクトを成功に導いてきた実績がありますので、私を採用いただくと、貴社にとって大きなアセットとなるでしょう。私は貴社での新たな挑戦を心より楽しみにしています。

以上

30 最低限入れてほしい4つの項目

職務経歴書は決まった形式がないので、何をどのように記載すれば良いかわかりません。
特にミドル層は職歴が長いので、豊富なキャリアをどう見せればよいでしょうか。

職務経歴書で外してはいけない項目とは？

ミドル層になると、長年にわたって社会人として働いてきた実績ができるので、必然的に職歴も長くなります。さまざまなキャリアに取り組んできた人の場合は、職務経歴書にどのように表現すれば良いか迷ってしまうこともあるかもしれません。

履歴書やWebフォームとは違い、職務経歴書は決まった形式がないので、何をどのように表現したら良いか困惑してしまうケースも多いのではないでしょうか。

しかし、構成する項目ごとに分解して考えていけば、確実に成果の出る職務経歴書

ができるので安心してください。

そこで今回はどんな形式の職務経歴書を作ったとしても、最低限これだけを盛り込んでおけば大丈夫という4つの要素（①職務要約、②職務詳細、③ポータビリティスキル、④自己PR）をご紹介していきます。

これに加えて、「なぜ長期のブランクがあるのか」「転職回数が多い」「実務経験が乏しい」といった特別な事情を先回りして伝える必要がある場合は「特記事項」を末尾に追加することで、死角がなくなり完成度の高い職務経歴書が作れるでしょう。

職務履歴書で外してはいけない項目

①職務要約
②職務詳細
③ポータビリティスキル
④自己PR

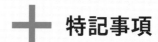 **＋ 特記事項**

POINT 1

4つの項目の
作成ポイント

完全フリーフォームの職務経歴書を作成する場合の「これだけを盛り込んでおけば大丈夫」という4つの要素について、作成のポイントとともにご紹介します。

項目	作成のポイント	量の目安
① 職務要約	これまでの職務経験を簡潔にまとめた箇所です。最初に採用担当者が目を通す部分で、あたかも本の索引のような役割を担っています。ここの内容のクオリティによって、職務詳細に読み進めてくれるか、あるいは直ちに読むのをやめてしまうかが決まります。	5行程度
① 職務詳細	職務経歴書の中核部分です。職務の具体的な内容を深掘りして描写します。採用担当者は「職務要約」に興味を抱いた後、さらなる詳細を知るためにこの部分を読みます。応募者がこれまでしてきた仕事のイメージをはっきりと理解したいと思っているので、ただ事実を列挙するだけではなく、強弱をつけて表現することが重要です。	全体で2ページ以内
③ ポータビリティスキル	どの状況でも役立つスキルのことを指します。例えば、TOEIC900点は全般的な英語能力を証明するものです。英語力が求められる求人先には、この要素を含めます。私はこの項目名を「あなたの会社で活かすことができるスキル・経験」に置き換えて、自分がこれまでに磨いてきたさまざまな経験やスキルの中から、応募する会社に貢献できるものを選んで記述するようにアドバイスしています。	5行程度
④ 自己PR	上記の3つの項目とは異なり、ここでは情感豊かな表現が許されます。実際、英文の職務経歴書では成果やスキル、経験を淡々と記述するだけです。その反対に、日本では応募者の性格や熱情を評価する観点があると言えます。他の項目では伝えきれなかったスキルや長所を明記したり、あらかじめハンディを補完したりするなど、この部分を最大限に活用してください。	300〜400文字程度

31 [職務要約] 「時系列法」で 5行以内に収めよう

職務要約は、これまでの職歴を端的にまとめて要約したもの。
本でいう目次のようなものなので、全部を読まれるかが決まる大事な箇所です。

職務要約の役割と
作成するときのポイント

「職歴要約」はこれまでの職務経験を、採用担当者が一目で理解できるように整理してまとめたものです。例えば、本を購入する際の判断材料として、目次を確認する人が多いと思います。同じように採用担当者も職務経歴書を読むときは、まず「職歴要約」を確認することで、その後の内容を読むべきか決めるわけです。

この「職歴要約」については、職務経験の長いミドル層であっても5行程度にまとめるのが理想的です。たまにA4用紙の半分くらいにこの職務要約がギッシリと書き込まれたものを見かけることもありますが、それでは「要約」とは言えません。また、読み始めから、難解で読みづらいものは避けましょう。

狭いスペースで魅力的で印象深い文書を作るのは難しそうに感じるかもしれません。しかし、心配は不要です。簡単に書けるようになるコツがあります。

コツには①「時系列法」と②「一気通貫法」の2種類があります。

①「時系列法」は、新卒入社からの職務経歴を時系列にしたがって順番に書いていく方法です。時系列法の基本的な書き方と注意点、OK例を解説します。

時系列法のOK例

情報工学を東京電信工科大学で修めた後、2000年の初頭に新卒でCBソフト株式会社に入社しました。通信交換システムの分野で一連の開発作業に10年間専念した後、株式会社ZZネットに移籍。ここではメールサーバのセットアップと業務システムの開発におよそ7年間従事しました。その後、2017年6月に現在の職場である株式会社エプコに転職。主にソフトウェア開発の仕事に尽力しております。

POINT 1

基本的な書き方と
注意点

　最終的な学歴から、初めて就職した会社名、転職した会社の名称、職務の概要、勤務期間などを含めたこの時系列法は、最も基本的な方法です。希望する職種と過去の職務経験が一致し、転職の回数があまり多くなく、職歴に特異性がなく、特殊な状況がない人に向いています。事実を時系列に沿って述べるだけなので、記述するのは容易でしょう。

●基本的な書き方
①最終学歴を明記する（アピールポイントになるときは、大学名や専攻分野も）
↓
②初めての就職先の社名、負担した業務、在籍した期間を記載
↓
③移籍した会社名、担当した業務、在籍した期間を明示（何度も転職した場合は、その回数だけ繰り返す）

●注意点
・要点を5行程度でコンパクトにまとめる。文章が長すぎると、採用担当者に読まれない可能性が高まる。
・応募先だけに集中して考える。スペース制限があるため、応募先にとって魅力的でない情報は控えるべき

POINT 2

応用として実績や成果を
盛り込もう

　経歴の過程で得た特筆すべき成果や実績がある場合、それを効果的に取り入れていきましょう。自分の強みや自信を持つ分野など、アピールポイントを最後に加えて締めくくることで読まれやすくなります。

　なお、②の「一気通貫法」は、例として「私は国際技術大学を卒業後、総務の道に専念し、約20年のキャリアを積み上げてきました。〜」といった形でキャリア全体をまとめて紹介する方法です（詳細は次のページで解説します）が、「一気通貫法」でも応用編として主な実績を加えたり、自己PRで締めくくったりといった手法があります。

●OK例

　専門学校を卒業後、新入社員として株式会社ニューワールドに入社し、約15年間にわたり不動産販売の業務を行いました。3年目からは連続で3期の表彰を受けるなど、年間目標達成率は常に高かったです。それらの業績を認められ、11年目には営業マネージャーに昇進し、10名の営業スタッフを管理し、チーム運営に尽力しました。最近では全国3位のチームに表彰されるなどの結果も出しています。個々のプレイヤーとしてもマネージャーとしても、課せられた営業目標へのコミットメントには自信を持っています。

32 [職務要約] キャリアの多い人は「一気通貫法」で書こう

転職回数が多かったりさまざまな業務に携わったりした職歴だったら、
「一気通貫法」を使うとわかりやすく端的に表現できます。

どんなに複雑な職歴もスッキリまとまる「一気通貫法」

　前項の「時系列法」の次に、②の「一気通貫法」という手法について説明します。この手法は一連の経歴を時系列で順番に追うのではなく、キャリア全体を一言でまとめて表現するのが特徴です。

　「時系列法」を使って書くと、長文になりがちです。

　たとえば、頻繁に転職した経験がある場合、各企業での役職、担当した仕事の内容、在籍期間などをすべて詳述すると5行では収まりません。これでは「要約」にはなりませんから、情報を凝縮して端的に表現することが求められます。これが「一気通貫法」です。

一気通貫法のOK例

　例えば、以下の例は「住宅販売マネージャー候補」へ応募する場合です。

　大学卒業後20年以上が経過していますが、その大半を戸建て住宅の販売に尽力してきました。特に、郊外の30坪規模の物件の営業を得意とし、以前の職場であるハッピーハウス株式会社では5年連続でトップセールスの成績を収めています。現在の職場では営業所長を務め、展示場へのお客様の誘導につながるマーケティング戦略の立案・実行や部下の育成・指導も手がけています。

　詳細はこの文章から読み取れませんが、実はこの人は7つの会社で働いた経験があります。冗長になりがちな「時系列法」を使わずに、「住宅販売」に焦点を当て、初めの1行で簡潔にまとめてしまっているのです。

　顕著な住宅販売の実績を例として挙げることや、展示場での販売を行うためのマーケティングや年配の部下を管理する経験を触れることも非常に有効です。また、さまざまな職歴や業界経験を持つ方にも「一気通貫法」は適しています。

POINT 1

基本的な書き方と向いている人

次の例は、5つの業界で3つの職種を経験した方のものです。

●OK例

2004年4月新卒での入社から現在までの約19年間、私は顧客サービス業界でキャリアを築いてきました。この期間、ウェディング、葬儀、飲食、宿泊、旅行といった5つの業界で、接客、営業、企画などの多岐にわたる業務に携わってきました。また、マネージメントの経験も豊富で、意識改革が必要なスタッフに対しては、組織力の向上を推進させることを得意としています。

全体的にはキャリアの概要を簡潔に記述

●基本的な書き方

時系列ではなく長年のキャリアを丸めて書く。時系列法で書くと長くなるケースでも、全体を凝縮して記述することでシンプルに要約される。

し、応募職種に関連する職歴やスキルについては詳細に説明するというのが「一気通貫法」のやり方です。

ただし、職歴を完全に省略してしまうと、採用担当者に不自然さを感じさせることもあるため、必ず触れるようにしてください。たとえば、総務、経理、営業の3つの経験を持つ人が営業職に応募する場合、営業経験だけに触れるのではなく、「総務、経理を経験した上で営業に転じた〜」や「営業以外にも総務、経理の経験があり〜」といった形で、関連性の薄い経験は軽く触れる程度にして、情報の強弱をつけるようにするのがおすすめです。

●「一気通貫法」に適している人
・転職回数が多すぎる人
　（4回以上の人は推奨）
・職種にバラつきがある人
　（異なる3つ以上の職種経験者は推奨）

POINT 2

書き出し例

・一貫したキャリアの場合
　→大学を出てから今日まで、約20年間にわたり法人営業に専念してきました。

・他の職種も経験したが、
**　応募職種には関係のない場合**
　→約15年間、主にシステム開発とシステムの保守・管理に携わってきました。

・多様な職歴があって直近の職歴が
**　応募職種にリンクしている場合**
　→20代で多種多様な職業を経験した後、過去7年間は経理関係の業務に就き、
　　キャリアを積んできました。

33 [職務詳細] 「編年式」は表で見やすさ・印象がアップする

書類審査で最も重視される職務詳細は、表にまとめることで
時系列に配置すると同時に、業務内容や実績を整理して表示できます。

職務詳細は職歴・部署ごとに表にまとめると見やすい

　職務詳細は、採用担当者が評価をする際に最も重視する要素です。職歴（職場環境、業務内容、働き方、持っているスキル、達成した成果など）をここで確実に理解し、価値ある人材であるかどうかを評価するためです。特にミドル層はキャリアを重視される世代であるため、慎重に記述することを心掛けましょう。

　始めに、時系列で表現する編年式で、職務ごとに項目を分けて記述します。表を使用すると整理され、視認性も向上します。

　まずは、所属期間と会社名を文頭に置き、次に「事業概要」「出資金」「従業員数」などの企業の基本情報を記述します。その後、表を作り、その中に各職務の詳細を記入していきます。「期間」の欄には、組織内の各部門における所属期間を記入します。

　次に、表の詳細部分では、配置や役職を記述し、続けて「業務内容」を項目別に列挙します。その下に「主な実績」を追加します。これが基本的な構成です。キャリアの移動があるたびに、このパターンが追加されます。しかし、職歴が多すぎると情報過多になる恐れがあるので、その際は書き方やスタイルを見直し改善していくことが求められます。

職務詳細のコツ

① 「編年式」にする

② 勤務先ごとに表を設ける

③ 部署ごとに「期間」「業務内容」「主な実績」を箇条書きにする

POINT 1

時系列で書いてから
部署単位で分類

● 短期勤務のまとめ方

　数ヶ月の短期勤務のように、この表をいちいち設けるほどの職歴ではない場合があります。もちろん消し去るのは論外。虚偽を疑われてしまう。この場合はあえて表を設けずに、短くまとめるとわかりやすいです。

● OK例

※2016年9月～2017年1月の期間については、テレコミックジャパン株式会社にて出向社員としてコールセンター向け経理システム導入に従事。

● 職務詳細

〇2002年4月～2023年5月: エンタープライズテック株式会社
事業内容：ITコンサルティング　資本金1千万円　従業員50名　非上場

企業概要を最初に書く

期間	業務内容
2002年4月 ～ 2018年3月	【配属】総務部経理課　【職位】正社員
	【業務内容】 ・会計業務全般（月次決算・年次決算） ・資金管理（入出金管理、予算策定） ・社内経理システムの導入と管理 【主な実績】 ・SAPを用いた社内経理システムを導入。その結果、月次決算の作業時間が半分に短縮。 ・2012年度の経理部門における年間予算達成率105%。 ・予算策定と実績の精度向上のためのプロジェクトをリード。 ・2013年からの予算達成率が95%以上となり、予算管理の精度が向上。
2018年4月 ～ 2023年5月	【配属】営業部法人営業課　【職位】正社員
	【業務内容】 ・新規顧客の開拓 ・既存顧客との商談およびリレーションシップ維持 ・営業戦略の立案と実行 【主な実績】 ・営業部門の中で最も多い新規顧客獲得数を達成（2020年・2021年）。 ・新たに開拓した大口顧客からの受注により年間売上目標を120%達成。 ・デジタルマーケティングを活用した新規営業戦略を提案・実行し、リード数の20%増加を実現（2021年）。

部署単位でまとめる

箇条書きでまとめる

下に主な実績を盛り込む

34 [職務詳細] キャリアでまとめる場合は求められる人物像に合わせよう

職務詳細は「編年式」とはまったく異なる表記法である「キャリア式」。キャリア別にまとめると、経験してきた職務をより深く詳細に訴求できる効果があります。

キャリアごとに分けることで業務を細かく深く伝えられる

キャリア式の書き方は、編年式とは大幅に異なります。多くの転職ガイドブックで「キャリア式では、各キャリアをまとめて表現する」と述べられていますが、それだけでは具体的に理解するのは難しいでしょう。

そこで具体的な事例を挙げて説明しましょう。例えば、あなたがA社、B社、C社の3つの企業で人事の職に就いていたとします。A社では主に採用担当、B社では従業員の入退職の手続き、C社では新たな制度設計が主要な業務だったとします。

ここでは各会社の経験を別々に書くのではなく、「人事業務」というキャリアの主軸に沿って経験を列挙するのです。

そして、もし人事マネージャーのポジションに応募する場合、例えばここで最も優先すべき業務として各種規定の見直しが求められているなど、求職先が求める人物像に合わせて、求められる業務経験を上から順番に配置していくのです。

OK例

経験業務	経験時期
・職務規程の更新、人事政策の見直し、人事に関わる各種規定の設立および改廃	C社のみ
・6人の部下をマネージメントし、人材の育成に努める	C社のみ
・給与の計算、社会保険の手続き、出勤・退勤の管理、入退社に伴う手続きの実施	A社・B社
・福利厚生の全体管理、社宅の運営、社員会および従業員持株会の組織運営	B社・C社
・新卒者の採用、職場経験者の採用	全社
・労働組合との対話窓口としての役割、交渉業務の遂行	C社のみ

POINT 1

定型業務とプロジェクト業務を分けて
アクティブさをアピール

「人事関連業務」というフレーズを使用すると、過去の所属企業や経験した期間が明確には見えなくなりますが、これがキャリア式の特性とも言えます。さらに、自身のキャリアをしっかりと把握していれば、（〇〇年）のように経験した年数を詳細に記すことも可能です。

　しかしながら、バックオフィスの仕事であれば、単にルーティンな作業を淡々とこ

なしているだけと見られる可能性もあります。そのため、この例のように、「定型業務」と「プロジェクト業務」のように、仕事の内容を区別して書き出すことも非常に有効と言えます。

●OK例
・給与計算、社会保険の手続き、勤怠管理、入社及び退職の手続き（およそ12年）

書き方フローチャート

①求人情報の募集要項を詳細に分析し、具体的に何が要求されているかを理解する
　（例：人事マネージャーとして古くなった各種規程の再評価をしてほしい。さらに人事に関する全ての業務も手伝って欲しい。3人の部下の育成も含めて…）

⬇

②そのキャリアの主軸を定め、それに基づいたタイトルを提案する（例：人事に関する業務）

③キャリアの主軸の下で、自分の経験した業務を優先度が高い順にリストアップ（例：労働規則の改訂→6人の部下のマネジメント、人材開発→採用…）

人事関連業務

＜定型業務＞
・職務規程の更新、人事政策の見直し、人事に関わる各種規定の設立および改廃
・6人の部下をマネージメントし、人材の育成に努める
・新卒者の採用、職場経験者の採用
・給与の計算、社会保険の手続き、出勤・退勤の管理、入退社に伴う手続きの実施
・福利厚生の全体管理、社宅の運営、社

員会および従業員持株会の組織運営
・労働組合との対話窓口としての役割、交渉業務の遂行
＜プロジェクト業務＞
・新規人事制度の構築計画・設計、給与基準の全範囲の見直し
・ケアを必要とする従業員向けに、会社特有のケア休暇制度の策定・設計
・人事管理システムの導入を考慮したプロジェクトへの参加

35 [活かせる経験・スキル] ミドル層がよくやりがちな3つの記述ミス

自分のポータビリティスキルを見つけ出し、応募先に応じて最適なものを職務経歴書に入れましょう。

ポータビリティスキルを見つけ出そう

「ポータビリティスキル」とは、一言でいえば、どんなビジネス環境でも役立つスキルのことを指します。代表的な例としては、WordやExcelの操作能力があります。これは、どの職種でも、どんな企業でも求められるスキルです。また、商社に応募する際には「TOEICでの高得点＋実際のビジネスシーンで磨かれた英語能力」、不動産売買の仲介業者の場合は「宅建取得＋実務知識」など、求人の応募先に応じた、より専門的で高度なスキルをアピールすることが重要です。

反対に応募する職種に直接関連しないものは強調しても意味がありません。アピールする数は3〜5つ程度の箇条書きにするのが理想です。

OK例①

長年物流に携わってきたプロジェクトマネージャーが物流アナリストに応募する場合

＜貴社で活かせるスキル・経験＞
・長年にわたるサプライチェーンマネジメント（SCM）の経験から得た、徹底したコスト削減志向
・さまざまなビジネス環境で磨き上げられた交渉術と対話力
・グローバルなSCMに対する深遠な知識
・チーム運営と人材運用の豊富な経験
・ビジネスで十分通用する英語スキル

OK例②

食品メーカーの営業職に応募する場合

＜記者で活かせるスキル・経験＞
・顧客との良好な関係を築けるコミュニケーション能力
・指導力や協調性、人を動かすリーダーシップ
・問題に直面したときに解決策を見つけ適切に行動できる問題解決力
・変化に対応し、自分自身の行動を柔軟に変える適応力
・効率的に時間を使い、タスクを適切に優先順位付けする時間管理能力

POINT 1

ミドル層に多い
3つの記述ミス

ミドル層が職務経歴書を作成する際にやり
がちなミスとして、以下の3つが挙げられ
ます。

記述ミス	対策
①なんでもかんでも書いてしまう　膨大な量を書いてしまう 詳細を書き過ぎると、メッセージが不明瞭になってしまいます。また、自己主張が過度と受け取られてしまい、評価が下がる可能性があります。	項目は5つくらいに限定し、適度にまとめること
②応募先と無関係なスキルや　経験を記述してしまう 必ず応募先の要求を詳細に理解し、自分が持つスキルや経験の中から最もマッチするものを選ぶ必要があります。	応募先の要求を深く理解し、それに直結する経験やスキルを選び出すこと
③自分には書くべきスキルや　経験がないと決めつけてしまう 「私には価値あるスキルや経験がない」と思い込むのは早計です。最低でも3つは挙げられるはずです。しっかりと企業調査を行い、ぜひ応募先にマッチした情報を記載してください。	何かしらのスキルや経験が必ず存在します。具体的なビジネススキルが見当たらない場合でも、自身の強みや仕事に対する態度などを挙げることが可能です。

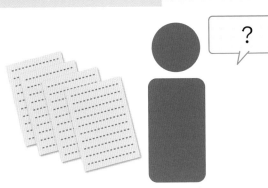

36 自己PRは一つに絞って3段構成で書こう

自己PRはたくさん書くのではなく一つに絞りましょう。
さらに3段構成にすることで確実に伝わります。

自己PRはひとつに絞って
応募先のニーズに合ったものを

「自己PR」は、その名の通り、自分のセールスポイントや強みをアピールすることです。他の項目とは異なり、自由に記述できる部分なので、表現の仕方次第で大きく差が出るところでもあります。

その自由さゆえに、具体的に何を書くべきか迷うこともあるかもしれませんが、私が提唱している3段階のフレームワークを使うことでスムーズに書けるでしょう。

ぜひ習得して良い自己PR文を書いてください（以前は自己PRを3つ作成することを推奨していましたが、3つも存在する

と過度に完璧主義に陥りやすいため、現在では一つだけに絞ることを推奨しています）。

なお、「自己PR」の内容は、確実に応募先のニーズに適していることが大事です。単に自分の強みをアピールするだけで、それが相手の求める人材と合致していなければ、「本当にそのスキルがあるの？」と疑念を抱かれる可能性が高いです。

また、現実離れした過度なアピールは信憑性がないと解釈されることもあります。十分な配慮を持って書いてください。

不動産の営業職に応募する場合の例

①立てた目標を確実に達成する「コミットする力」に自信を持っています。

②営業職という仕事柄、結果は数値で厳然と評価され、それが私の生活設計にも大きく左右します。そのため、成果を出し続けるために常に積極的に行動し、若手の営業マンに負けないほどに動いています。飛び込みで営業したり、一日に何百もの電話アポイントメントをこなしたりすることも問題ありません。こうしたエネルギッシュな動きを通じて、金融業界

や地主・大家などの有用な情報源から生の情報を得て、強いネットワークを築くことができました。加えて、人々の心に寄り添うことが得意な性格なので、どんな相手でも良好な関係を築く上で大いに役立っています。私の営業成績が着実に積み上がってきたのは、これらの強みをフルに活かしてきたからです。

③もし貴社で働く機会を得られたら、これらの強みを最大限に発揮して、貴社の成長に全力を尽くすことをお約束します。

POINT 1

3段構成の
自己PRの書き方

● 3段構成をマスターしよう

①まず冒頭にPRポイントを打ち出します。

●OK例

　私のセールスポイントは「コミットする力」です。

　この「　」内には、応募先で活かせるもので自信のある売りを書きます。

②データやエビデンス、エピソードを用いて
①であることを証明していきます。

●OK例

　営業職という仕事柄、結果は数値で厳然と評価され、それが私の生活設計にも大きく左右します。そのため、成果を出し続けるために常に積極的に行動し、若手の営業マンに負けないほどに動いています。飛び込みで営業したり、一日に何百もの電話アポイントメントをこなしたりすることも問題ありません。こうしたエネルギッシュな動きを通じて、金融業界や地主・大家などの有用な情報源から生の情報を得て、強いネットワークを築くことができました。

③最後に常套句で締めます。

●OK例

　この強みを活かして、貴社の発展に貢献していきます。

　①〜③のトータルで300〜400文字くらいが適切です。

　ちなみに、①の強み「　」内と②の実証が一致しない事例が見受けられます。たとえば、①の強みを「販売数値へのコミット力」と設定したにもかかわらず、②では営業経験から得た交渉スキルについて、その成り立ち、使用した状況、そこから得た成果などについて詳しく語られているような状況です。実証を利用するならば、①の強みを「交渉スキル」に変更すべきであり、「販売数値へのコミット力」にするなら、それに見合った内容にするべきです。

自己PRの3段構成

①売りを書く

②証明

③常套句

コラム3

面接でうまく答えられなくても
気にしない

　多くのミドル層が「話すのが得意でない」と感じています。面接官も理解しています。むしろ話が得意な人には、「話は上手だけど仕事はできるの?」という疑問の目が向ける傾向があります。

　事前に予想される質問の答えを準備することは、面接の場面で有効です。予想していた質問をされたときに自信を持って回答するのは、採用への近道となります。

　しかし、想定外の質問をされて答えられないこともあるでしょう。そこで焦る必要はありません。回答がすぐに思い浮かばないとき、2つの対応策をおすすめします。一つは、「少し考えさせてください」という姿勢で時間を稼ぐこと。2つ目は、正直に「答えられません」と謝ること。

　ただし、「なぜこの会社を選んだのか」と聞かれて、この2つの対応をするのは不適切です。なぜなら、必ずされる質問なので準備ができるはずです。

　つまり、答えられない質問は、そもそも評価点が低いから気にしなくて良いと捉えると気楽です。答えられなかった質問にとらわれず、面接全体の流れを大切にしましょう。

CHAPTER
4

ミドル層のための
面接対策

37 ミドル層が押さえておきたい面接の鉄則

面接ベストコンディションで本番に臨めるかが勝負の決め手。
選りすぐりの事前準備の鉄則をご紹介します。

面接は当日の対策以上に
事前のコンディションを整えることが大事

　面接対策で、想定される質問に対して返答を準備しておくことはとても大切です。しかし、面接で求められるものには、それ以上に重要な要素があります。

　それは最高の状態で面接に臨み、普段どおりに自分自身を伝えること。意外とこれが難しく、うまくいかず不採用となる場合が多いのです。面接の対処法が分からなければ、すべての努力が無益になる可能性があります。

　例えば、面接本番に直前に風邪を引いてしまった場合。当然、本来のスケジュールで面接を受けられません。もしくは、在職中であれば、退社後の夜に面接が予定され

ていたら、仕事の進行によっては遅刻してしまうこともあり得ます。リスケ可能であれば良いですが、競争率が高い求人では、致命的な結果を招く可能性もあります。

　その他、「面接時に極度に緊張する」、「風邪薬を飲んで頭がぼんやりする」など、面接の本番で起きる問題はさまざまです。そうなるとあらかじめ考えてきた回答は無意味になってしまいます。何度も練習して完璧に仕上げた回答も、面接で伝えられなければ無意味です。

　そこで、ここでは具体的な質問と回答の説明に先立ち、面接でどのように対処すべきかを「鉄則」としてお伝えしていきます。

鉄則 1

面接は「話す」より「伝える」を

　もし「満員の東京ドームで30分間のスピーチをしてください」と言われたら緊張しますよね。しかもスピーチは観客に対して一方的に話すので、途中で詰まっても誰も助けてくれません。しかし、面接は面接官と１対１の対話です。言葉に詰まっても面接官がヘルプしてくれるので安心してください。

　そもそも面接で大事なのは、「面接官に正しく理解されるか」です。一方的に流暢に話せたからといって通るわけではありません。「面接でうまく話せたのに、なぜ落ちたのだろう？」と思う人は、「話す」ばかり意識して「伝える」を軽視しているかもしれません。面接は面接官の質問に適切に答え、きちんと伝えてこそ意味があるのです。

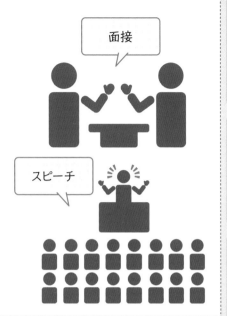

鉄則 2

体調管理は食生活から

　ある著名な映画俳優は、長期間の海外ロケの間、豚汁とカレーライスのみを食べ、水も日本から大量に持ち込んで撮影に臨んだそうです。

　なぜそんなことをしたかというと、もし食物による体調不良が起きれば、共演者、スタッフ、映画会社など全ての人々に迷惑をかけることになるからです。

　軽視されがちですが、食生活には十分注意してください。転職活動中は連続的な緊張とストレスがかかっています。わずかな食事の変化に対しても、身体は敏感に反応するものです。食物による体調不良で面接に参加できなくなったら、後悔してもし切れないことになります。

鉄則 3

「予想される質問」への 返答を書き出す

　面接で質問されることの8割から9割は同じですから、回答も事前に準備が可能です。紙に書き出して考えておきましょう。ただ考えるだけでは、曖昧なものになりがちで本番でうまく話せません。ペンを動かすことで適切な回答が思い浮かび、記憶にも定着します。

　回答を完成させたら、キーワードを抜き出して覚えましょう。完璧に覚えようとして一言一句暗記しようとすると、本番でつまずいたら回復するのが難しいです。キーワードだけを覚えておいて、話しながらそれを組み立てていく方が、応用が効きます。もし話が途切れた場合でも何とか会話を続けることができます。

【回答例1】
Q：前職を辞めた理由は？
A：部署が統廃合されてなくなってしまったためやむを得ず転職を検討しました
【抜き出すキーワード】
「部署」「統廃合」「なくなった」「やむを得ず」

【回答例2】
Q：どうして当社を志望したのですか？
A：これまでの営業経験が役に立ち、扱っている商品と方向に将来性を感じたからです
【抜き出すキーワード】
「これまで」「営業経験」「商品」「将来性」

【回答例3】
Q：なぜ転職回数が多いのですか？
A：転職の多さについては反省してその理由を自分なりに分析しました。年齢的に最後のチャンスだと覚悟して臨んでいます
【抜き出すキーワード】
「反省」「自分なりに」「分析」
「最後のチャンス」「覚悟」

鉄則 4

「困難な質問」に対する 対策を強化しよう

　面接では自信を持って回答できる質問と、答えにくい質問が存在します。

　例えば、前職で積み上げた優れた成果について尋ねられたら、余裕をもってスラスラと回答できるでしょう。しかし、人間関係の問題や病気による長期間の休業といった点について言及されたら、答えに困り即座に回答できない可能性があります。そんなときのためにも回答しにくい質問の対策をしっかりしておきましょう。

　友人や家族などに自分が面接で伝えようとしている内容を評価してもらうのが良いでしょう。他人の視点からフィードバックを得ることで、より良い回答を見出せるはずです。

【回答例】

Q：病気、特に精神疾患による長期間の休業があるようですが、働けますか？

A：確かに、以前はメンタル的な病気で長期休養を取らせていただいていました。しかし、現在は定期的に専門医と相談して、精神面だけでなく肉体面でも自分の状態を常に管理できています。医師からも問題なく一般企業で働けるという診断書をもらっています。そのため業務は支障なく対応できます。また自分の限界を知っているので、メンタル面で問題が起こる前に対処できるのでご安心ください

鉄則 5

余裕をもって会場へ！
1時間前到着を目指す

　交通トラブルなどで電車が遅れて面接会場に間に合わない場合、面接を受けることなく落ちる可能性があります。

　ですから、予期せぬ事態を防ぐため、1時間前には会場に到着するように心がけてください。1時間あれば、交通トラブルなどの予期せぬ事態にも対応できるでしょう。

　会場に到着したら、面接会場を確認し、近くのカフェなどで想定される質問とその回答を再度確認します。時間に余裕を持つことと最終的な確認は、良い結果を生む助けになるはずです。精神的にも落ち着いて臨めるでしょう。そして、トイレを済ませ、10分前にカフェを出て、5分前には面接会場に入るようにしましょう。

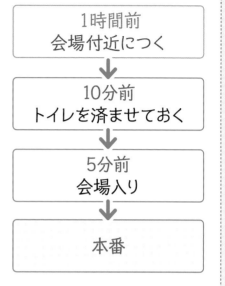

1時間前
会場付近につく

↓

10分前
トイレを済ませておく

↓

5分前
会場入り

↓

本番

鉄則 6

ほどよい緊張感が
良い成果を生む

　「面接には平常心で臨め」と言いますが、緊張しないのが良いとは限りません。むしろ「ほどよい緊張感が能力を最大限に発揮させてくれる」と逆転の発想もあり得ます。

　ただし、ガチガチに緊張してしまったら一旦深呼吸しましょう。科学的に見ても、深呼吸には緊張をほぐす作用があります。

　また、人は声を出すと緊張がほぐれます。面接時の最初の声はいつもの1.2〜1.5倍くらいの音量で話しましょう。

　「失礼いたします」「面接の機会をいただきありがとうございます」という最初の声が、その空間を支配し決定づけます。普段から声高にハキハキと話せるように練習しておきましょう。

失礼いたします！

鉄則 7

話す速度は
「やや遅め」にする

　面接では緊張するものです。緊張すると無意識に話す速度が上がりがちになります。面接では自分の考えや経験を「話し切る」のではなく、あくまで「伝える」のが目的です。そのためにも意識して少し遅めに話すことを心がけてください。ゆっくり話すことで、あなたの言葉に説得力が増し、心の余裕も生まれるでしょう。

　私の経験から言っても、面接では前のめりになって早口になる人が大多数。落ち着いてゆっくり話す人は本当に少ないです。評価が高いのは後者であることは言うまでもありません。緊張を和らげ情報をきちんと伝えるためにも、意識して少しゆっくり話すようにしましょう。

鉄則 8

相手の目を見て
身振り手振りは控えめに

　話すときは面接官の目をしっかり見ましょう。凝視すると気まずくなりそうに感じますが、面接官は評価シートを書いたり、応募書類を見たりと目線を外す機会が多いので、こちらはしっかり目を見るようにするぐらいでちょうど良いです。

　また、身振り手振りは最小限にしましょう。やればやるほどマイナス評価につながる危険性が高くなります。自然に手が動く場合は別として、基本的には手は膝に置いて動かさないことをおすすめします。

　本当に自信のある人は、オーバーアクションをしません。身振り手振りが大げさな人は、落ち着きのなさ、自信のなさをわざわざアピールしているようなものです。

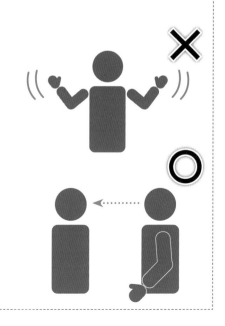

鉄則 9

逆質問は必ず用意

　面接官からの質問が一区切りついたところで、「最後に何か質問はありますか？」と尋ねられることでしょう。この時点で、あらかじめ準備しておいた質問を少なくとも2〜3個はするようにしましょう。

　質問の内容は、職務内容についてのものが最適です。ここで給与や待遇について尋ねるのは避けてください。

　また「特にありません」というのは一番ダメです。「当社や仕事の内容に興味がないのか？」という印象を与えてしまいます。必ずいくつかの質問を用意しておき、面接の進行状況に応じて適切に出しましょう。面接全体の評価が低くても、質問によって評価が上向く可能性もあるのですから。

特にありません

鉄則 10

オンライン面接
成功の秘訣

　遠隔地の候補者やコロナ対策のためオンライン面接が増えています。

　オンライン面接の場合、リアルの面接以上に細部まで気を遣って準備してください。PC、スマホ、カメラ、マイク、ネットの接続、必要なアプリのインストールなどのテクニカルチェックは必須です。アプリ（ZOOM、Microsoft Teams、Google Meetなど）の操作も事前に確認しておきましょう。「昨日は動いたから大丈夫」という油断は禁物です。カメラ設置、照明、音声、背景、服装など細部まで注意が必要です。照明は明るく、音質はクリアに。背景はシンプルで服装はスーツ一択です。面接中はカメラを見るよう意識しましょう。

自分をうまく伝える答え方①

面接では必ず聞かれる自己PR。あなたの強みやアピールポイント、
仕事に対する意欲や熱意を自分の言葉で答えられるようにしておきましょう。

question Q あなたの自己PRをしてください

　応募者は自分をよく見せることに意識が向きがちです。特にミドル層のようにキャリアが豊かな場合、過去の成功体験の良い部分だけを抽出し、「私は大手企業で部長まで上り詰め、100人もの部下を統括していました」、「店長時代には年間売上を5億円まで伸ばしました」といったエピソードに偏りがちです。

　こうした役職や売上などの数値を盛り込んだエピソードは客観的であり、非常に訴求力を持つ一方で、経験豊富なミドル層にとってはそれだけでは不十分です。この年齢層は即戦力を期待されているため、それらのエピソードが「自己PR」を裏打ちす

るものであるのは当然です。その上で、入社した場合にどのように貢献できるかまで話を広げないと、ただの自慢話でしかありません。

　さらに、ミドル層が陥りがちな問題として、話が長くなり過ぎる傾向があるということです。海千山千の豊富な経験とスキルがあるからこそ、多くの事をアピールしたいという気持ちは理解できます。

　しかし、全てを盛り込もうとするとものすごいボリュームになってしまいます。聞く側の面接官の立場で考えて、重要なポイントに焦点を絞り込んで話すように心がけましょう。

質問の意図を分析！

○当社にとって価値をもたらす特長を持っているか
○冗長で不明確な自己顕示は避けてください

profile
40歳・女性。大学卒業後、3つ目の会社への転職。前職は営業課長職。
今回は違う業界で同じ職種の営業課長職を希望しています。

NG例

「実は、自分を特別にアピールできる点はないのですが、
強いて挙げるとすれば～」

POINT 控えめな表現や、アピールできる
点がないと前置く言葉はただ話を長くする
だけです。まったく不要です。

OK例

「私の主な強みは、チームの力を最大限に引き出すことです。前職
では営業課長として8人の部下を指導していました。赴任当初、チー
ムメンバーはノルマに追われ、雰囲気が冷え切っていましたので、
毎週、各自の成功体験や失敗体験を共有する機会を設けました。
消極的な社員に対しては目的を説明し、その目的に賛同できない
場合は評価に影響することを伝えました。

　会議が重ねられるうちに、社員たちは積極的な意見交換を始め、
各自が持つ営業の知識と経験を共有するようになりました。
この取り組みの結果、昨年度は支社内のチーム営業成績で20チー
ム中1位を達成しました。

　現在の皆様の会社では、営業経験が浅い若手社員が多いと伺っ
ておりますので、このスキルを活かして営業成果を向上させる貢献
をしたいと考えています」

POINT 求人のポジションに合致したマネ
ジメントスキルに焦点を当てて自己PRを
行うことは効果的です。具体的なエピソー
ドを交えて話すことで、面接官が応募者が
自己PRのポイントをしっかり持っている
ことを実感でき、入社後も活躍してくれそ
うだと期待感を抱くことができます。

CHAPTER 1
CHAPTER 2
CHAPTER 3
CHAPTER 4

自分をうまく伝える答え方②

これまでの経歴でどんなキャリアを積んで、どういったスキルを身につけてきたのか。これから入ろうとしている会社で何ができるかを面接官にイメージしてもらえるように伝えましょう。

あなたの今までの経歴について説明してください

　面接官は、求人と本当に適合性が取れているか詳細に確認したいと考えています。たとえば、「法人営業」と「営業マネジメント」の経験を持つ候補者が、営業部の部長職の求人への転職を目指しているとします。その場合、部下の育成や指導が重要な役割であるのでしっかりアピールしなければならないにもかかわらず、「法人営業」の実績を長々と語るのは逆効果です。

　また、面接官は、ミドル層の場合の面接時には、新人よりも職務経歴書を重視します。書面に書かれている内容と口頭での説明が一致しているかについて、対話を通して厳密にチェックしようとします。虚偽や

誇大表現はマイナス点につながりますので絶対に控えてください。自分の経歴を嘘偽りなく正しく伝えることを心掛けてください。

　ミドル層の場合、新卒入社から現在までの職歴が長いです。何十年もの時間を、最初から順を追って説明してしまうと長過ぎて面接官は飽きてしまうでしょう。そこで自分の経歴を短時間で伝える「プレゼンテーションスキル」が求められます。応募した職種で直ちに貢献できる経験に焦点を当て、それに関係のない経歴は潔くスッパリ切り捨てて必要以上に語らないようにしましょう。

質問の意図を分析！

○入社してすぐに実力を発揮できるのか知りたい
○職務経歴書に書かれている経験と現在のスキルは一致しているか確認したい
○限られた時間内に要点を伝えられるプレゼンテーション能力があるか知りたい

profile
42歳・男性。大学卒業後、住宅販売会社で15年間営業職に就いた後、不動産会社の営業部長として5年間勤務。今回は2回目の転職で、営業課長職を志望。

NG例

「私は立志大学法学部で手形・小切手法を専攻した後、
山田住販株式会社という住宅販売会社に新卒で入社しました〜」

POINT ミドル層が新卒時代から延々と話すと、長くなるので聞き手は飽きてしまいます。

OK例

「大学卒業後、約20年間にわたって営業の仕事をしてきました。前々職では15年間住宅販売の業務に従事し、10年目から退社するまで3つのショールームのマネージャーを務めました。

その後、不動産会社の営業部長として転職し、売上管理や10名の部下の人材管理、物件管理などを手がけました。

特に前職では不動産業界に未経験の社員を多く抱えていたため、ロールプレイを積極的に行い、私自身が現場で契約成立までを見せ、彼らに商談を引き継いで自信をつけさせるなど、一線で部下を育成しました。

それは試練の連続でしたが、振り返ると多くの有能な営業社員を育て上げたと自負しています」

POINT 長くなりがちな経歴説明について、要点を押さえた形でまとめています。求められている要素に焦点を当てて伝えることで、説得力を増しています。

自分をうまく伝える
答え方③

仕事上の人間関係で困ったことはありませんか？
そのときにどのように対処しましたか。面接では多く聞かれる質問です。

これまで仕事上の人間関係で困ったことはありますか？

この問いは、人間関係で困ったことが「ある」か「ない」の2つの選択肢で答えるものなので、答えた後にきちんと背景や理由を語る必要があります。

初めて聞くと、「ない」と答えるのが正解のように感じるかもしれません。しかし、経験豊富なミドル層が、人間関係でまったくトラブルがなかったとすると、「自分で考えて主導的に働いてきてないのではないのか？」と疑問を持たれる可能性があります。

長いキャリアの中で、ある程度仕事に対して本気で取り組んでいたら、上司であれ部下であれ、人間関係の壁にぶつかることは避けられません。ですから、人間関係で

困ったことが「ある」場合には、その壁にどう対峙したのか、どのように調整して克服したのかということをエピソードにして語り、仕事への真剣さを伝えるようにしましょう。

ただし、「無礼で頑固な部下は、まったく言うことが聞かなくてほとほと苦労しました」というような話では、ただの愚痴に聞こえてしまうので避けてください。

また、社内の派閥争いや経営陣との直接的な対立などといったことでは、あなた自身がトラブルメーカーと思われてしまい得るような話は、絶対に避けておくのが無難です。

質問の意図を分析！

○問題を引き起こす人物ではないことを確認したい
○人間関係を通じて、仕事に対する取り組み方や態度を理解したい

profile
46歳・女性。大学卒。これまで2社（外資系から日系へ）に勤めた経験があります。現在は3つ目の企業を目指しており、前職と同じ業種・職種への応募。

NG例

「私が部長に自分の考えを直接提案したとき、直属の上司が怒って、仕事を与えてくれなくなった経験があります。私はこの卑劣な行為に憤りを感じて〜」

POINT トラブルメーカーになり得る発言は、絶対に避けましょう。

OK例

「前職では上司との関係に悩むことがありました。私は外資系企業での経験から、「自分の意見をはばかることなく述べるべきだ」という考え方を持ってきました。

　しかし、前職は日本企業の典型で、会議はほとんど報告会のようなもので、企業文化の違いが明らかでした。会議で意見を述べると、「あなたには発言権がない」と言われ、それに対して「それでは会議の意義がありません」と反論したことで、状況がエスカレートしました。

　その後、上司から「うちの会議は全員が同じ場で情報を共有し、一体感を持つことが目的なんだ」と教えられ、自分が行き過ぎたことを反省し、謝罪しました」

POINT あまりにも直接的な対立は避けるべきですが、それが仕事への情熱からくるもので、結果的には「困難を乗り越えて成長する」というような結果をもたらすなら、面接官も理解してくれるはずです。

自分をうまく伝える答え方④

面接で、これまでの病歴について聞かれたら、どのように答えたらいいのでしょうか。
持病がある場合の面接での回答方法について解説します。

大病を患った経験や持病などはありますか?

　20年間も働き続けていれば、重い病気になったり、持病を抱えて何かしらの問題に直面したりしても、驚くべきことはありません。

　面接担当者が最も気に掛けているのは、あなたが「当社での業務を無事に遂行できるかどうか」についてのみです。病気に関しては、完全に回復していて現在の業務に影響がなければ、そのまま伝えれば問題ありません。

　難しいのは、現在も患っている持病の取り扱い方です。医師から仕事をするなと言われているなら、まず治療に全力を注ぐべきです。逆に、治療が必要なレベルの持病があっても、医師から働けると診断されて

いるなら、その診断を強調し、業務に問題ないことをアピールしましょう。さらに、現在取り組んでいる改善策（適切な食事習慣や適度な運動など）を伝えれば、その訴求力はさらに強まります。

　ただし、就業許可の診断があっても、ある程度の条件付き、例えば「精神的ストレスが少ない仕事に限る」といった特別扱いは期待しないでください。

　なお、病気が採用の可能性に悪影響を及ぼすと感じ、この質問に対して「ない」と言い切ったり、隠したりする人もいます。それは虚偽の申告になるので、絶対にやめてください。

質問の意図を分析!

○持病があっても業務への影響は無いか確認したい
○偽りや誤魔化しは受け入れたくありません

※応募者の病歴や健康状態に関する質問は、その確認が業務上必要であり、
　応募者本人の同意を得た上で、利用目的を採用面接に限定した場合においては「違法」にはなりません。

profile
50歳・男性、大学卒業後3社で一貫して法人営業を担当。今回は4社目への転職を考えており、同じ業界・同じ職種（法人営業・次長職）への応募。

NG例

「（歩くだけでも息が上がるほどの肥満体型なのに）
健康問題は一切ありません」

POINT 見た目が明らかに肥満体と見られ
ているのは自覚していると思いますから、
問題がないということをきちんと説明する
必要があります。

OK例

「現在、持病とは言えない状態ですが、昨年の健康診断で血圧だけが注意レベルとされました。

実は私は30代から高血圧を指摘されており、30代後半には症状が悪化し、定期的に治療を受けていました。

北国育ちで塩分が多い濃いめの味付けの食事が好きでしたが、医師のアドバイスを受け、妻の協力を得て食生活を見直し始めました。40歳になった頃から、妻と一緒にウォーキングを始め、現在も続けています。その結果、血圧はほぼ平常範囲にまで改善しました。

今ではとても健康で、過去3、4年間で体調を崩したことは一度もありません」

POINT ミドル層が一番心配されるのは、食生活や運動不足、過度の飲酒などが関係する生活習慣病です。この例のように、悪い点を全て出し切った後で改善への取り組みを述べることでフォローすると非常に効果的です。

自分をうまく伝える 答え方⑤

指示に従わない部下や後輩に悩んだ経験はあるのではないでしょうか。
面接官からそう聞かれたらどう回答すれば良いか解説します。

(年下の)部下や後輩が指示に 従わない場合、どう対処しますか?

「部下が従わない」という問題は、マネジメントに取り組むミドル層に共通する悩みです。

もちろん、この質問に対する回答は、「放置」や「部下がやらないなら自分がやる」ということではありません。

面接官は、どのようにこの難局を克服するか、具体的な事例を引き合いに出しながら、解決策を聞きたいと考えています。

管理職としての役割は人材育成にも及ぶため、あなたの能力が問われる質問です。「私はチームから彼を除外するように人事部長に要請します」や「なるべく彼には仕事を任せないようにします」といった、部下と直接対話せずに話を逃げるような答えは、受け入れられないでしょう。あくまできちんと部下と向き合うというスタンスは持たなければなりません。この場合、「指示が理解できるまで、時間を許す限り部下と細かく話をします」などの定石的な回答でも構いません。

ただし、その話し方(「まずは2人だけで彼の不満を聞き出します」など)や、それでも従わない場合の対応策(「厳しく評価に反映させることを事前に伝えます」など)、具体的な対応方法まで述べなければ、あいまいな回答で終わってしまいますので、要注意です。

質問の意図を分析!

○指導や教育の詳細を理解したい
○部下への無関心な態度は示して欲しくない

profile
40歳・男性。大学卒業後、新卒入社した1社で課長職を務めている。
今回は2社目への転職で、前職と同じ課長職を希望している。

NG例

「従わない部下がいれば、上司や人事部と相談して
その人の処分を検討します」

POINT 部下と対話せずに問題を解決しよ
うとする回答は適切ではありません。

OK例

「まずはその理由を探ります。なぜ命令に従わないのか、なぜ納得
していないのか、個々に話を聞きます。もし、それが部下の甘えだ
けだとしたら、きちんと叱ります。『鉄は熱いうちに打て』というこ
とわざ通り、後回しにすると効果が半減することを、現職での経験
から学びました。

　ただし、あまりにも追い詰めてしまうと、部下がやる気をなくして
しまう可能性があるため、必ず立て直す機会を与えます。このよう
な問題が発生する場合、コミュニケーション不足がほとんどの原因
だと思います。部下が何かを話したいと思ったときに、それをきちん
と聞いてあげられるようにすれば、多くの問題は防げると信じてい
ます。

　もし御社に入社したら、適切なコミュニケーションをとることで
チーム運営をスムーズに行いたいと考えています」

POINT 自身の実体験に基づく部下育成方
法を語ることで、説得力を持たせることが
できます。

業界・企業・業種への本気度が伝わる答え方①

理想のキャリアを描くとき、適切な企業を選ぶ理由は何ですか？
この会社を選んだ理由を探し、面接官に納得してもらえる方法を解説します。

Q question なぜ当社を志望するのか、理由を教えてください

　面接官は、「どこの企業でも使えるようなありきたりな志望理由ではなく、なぜ我々の会社に入社したいのか」について聞きたいと考えています。

　どこの会社にも当てはまるような通り一遍な志望理由では、印象が薄くなりますので注意してください。

　しかし、長年の経験を積んだはずのミドル層の志望動機が、企業のウェブサイトから探した経営理念やCEOのメッセージを引用し、それを回答に組み入れたような内容であることが非常に多いです。

　例えば、「貴社の経営理念、"社会への寄与"に強く共感します」、「CEOの"顧客に新しい価値を提供し続けたい"という言葉に深く感銘を受けました」といった表現がとても多いのです。

　このような回答では他の応募者との差別化がしにくく、上っ面を真似ただけにしか感じられません。

　ここで大切なのは、長いキャリアを活かし、自分自身の独自のネットワークを使って、深い企業リサーチを行い、その結果を志望動機に反映することです。そうすることで他の大勢から一歩抜け出せるでしょう。その上で、具体的に自分がそこの会社で何ができるのかを述べれば、説得力が増すことになるのです。

質問の意図を分析！

◯きちんと会社のリサーチをしてきたのか確認したい
◯入社したらすぐに活躍できる能力があるか、感じさせてほしい

profile
40歳・女性。大学卒業後新卒で入社したアパレル企業で、現在は店舗マネージャーとして勤務中。今回は老舗のブランド企業で、同じく店舗マネージャーとしての職務を希望。

NG例

「貴社の経営方針に大いに共感しました。特に、"革新に挑戦する"というテーマは、私の仕事に対するモットーと一致しています」

POINT この回答は抽象的すぎて、「なぜ特にこの会社なのか」をうまく説明できていません。

OK例

「まず、私がファストファッション業界のリーダー企業で培った店舗運営スキルを、貴社のサブブランドで生かせると考えました。

特に、私は過去10年間レディースセクションのマネージャーとして在庫管理を担当しており、移り変わる20代女性の売れ行きトレンドを掴むことに自信を持っています。これが、私が最も貢献できる点だと考えています。

長年私が憧れていた女性部門のトップブランドである貴社で働くことは、私の夢でもあります。親しいファッションジャーナリストから、貴社が他の老舗ブランドと違って現状に甘えずに常に挑戦しているという評価を聞き、さらに貴社で働く意欲が湧いてきました」

POINT 入社後に「何をしたいか」と「何ができるか」をバランスよく混ぜ合わせることで、単に「自分がやりたいだけ」という一方的な思いだけでなく、即戦力として活躍することが期待できることを示すことができます。「ジャーナリスト」という第三者から得た現実的な情報を含めることで、説得力が増しています。

CHAPTER 1
CHAPTER 2
CHAPTER 3
CHAPTER 4

業界・企業・業種への 本気度が伝わる答え方②

複数の企業に応募しているとき、面接官にはその選考進行状況を どう開示すべきでしょうか。効果的な方法を紹介します。

他社への応募状況と、選考の 進み具合を教えていただけますか?

ミドル層の場合、そもそも求人数が少なく競争率が高いことからも多数の企業への応募していることが当たり前です。そのため、他社への応募があっても問題はありません。面接官もそのことは理解しています。

ただし、応募先の企業が違う職種や業種である場合、理由を具体的に述べられるようにしておく必要はあります。例えば、「これまで私が経験を積んできた〇〇業界も、今回応募した△△業界も、無形のサービスを提供する点では共通しています」といった感じです。

もし、まだ一つも内定が出ておらず、進行中の応募先もなければ、「本当にうちだけなのかな?」と疑念を抱かれる可能性があります。実際の状況がそうであっても、「貴社と同じ業界のいくつかの企業に応募を検討しています」など、今後の応募予定について明確にしておきましょう。

一方、すでに内定をもらっていたり、他の応募企業で選考が進んでいたりしている場合、それをアピールする絶好の機会ととらえてください。他社から高評価を受けているという事実は、非常に強力な武器となります。

その状況を説明しながらも、「私が働きたいのは（他社ではなく）貴社です」と言って面接官を安心させてください。

質問の意図を分析!

○（「応募対象は貴社だけです」という場合）本当にそうなのか探りたい

○他の応募先も存在する中で、なぜ我々の会社で働きたいのかを具体的に示してほしい

profile
42歳・男性。大学卒業後、新卒で入社したシステムベンダーでネットワークエンジニアとして勤務。今回は初の転職。

NG例

「（失業中ですが）現在は他社を受けていません。
貴社だけです」

POINT これでは転職活動に本気で取り組んでいないように感じられる可能性があります。

OK例

「現在、私の前職と同じネットワークエンジニア職を求めている通信キャリアの2社、そしてITコンサルティングを求めている外資系コンサルファーム1社に応募しています。

　通信キャリアのうち1社は現在、1次面接の日程調整中です。

　コンサルファームは転職エージェントの推薦で応募しました。最初は異業種であると思いましたが、自分の経験が活かせること、さらには多くのクライアントとのやりとりがあるため、日々の業務が新鮮であり、知的好奇心を刺激すると感じたからです。こちらの選考は、最終面接まで進んでいます。

　しかし、何度も申し上げますが、私が一番働きたいのは貴社のネットワークエンジニアであるということを強調させていただきたいと思います」

POINT 現在進行中の応募状況を正直に話すことは当然です。その上で、異業種への応募理由や関心をフォローし、最終面接まで進んでいるという情報を巧みにPRしています。そして最後には、応募先企業への強い入社意欲を再確認させています。これは非常に良い回答例といえるでしょう。

45 業界・企業・業種への本気度が伝わる答え方③

面接官から内定をほのめかされたらどう回答しますか? そこの企業が第一志望だったら嬉しいですが、それ以外だったら何と答えるのがベストなのか見ていきましょう。

 内定を出したら、間違いなく入社していただけますか?

　もし最も入りたい会社であれば、何の問題もなく「はい、ぜひ入社させてください」と返答しましょう。そこで転職活動は終了になります。

　しかし、複数の企業に応募していて、他の企業が第一志望だった場合はそう単純にはいきません。

　転職活動中に困難に直面すると、「どこの会社でもいいから一刻も早く内定が欲しい」と思って、最優先の企業ではないにもかかわらず、「御社が私の最優先選択ですから内定をください」と答える人がいます。その気持ちはわかりますが、絶対にやってはいけません。転職してから後悔すること

になります。ここでは、今の気持ちを正直に面接官へ伝えてください。

　しかし、正直といっても「最終的な選択は待遇を比較して決定します。御社の提案条件次第です」といった回答では露骨すぎます。この会社に何らかの興味を持って面接に臨んでいるのだから、うまく表現することが求められます。例えば、「今すぐ採用を受けるとは断言できませんが、これまでの経験を活かして、御社の〇〇部門の発展に寄与したいという気持ちがあるのは確かです」と言って、今の気持ちを肯定的に表現し、即答できないけれど興味はあると訴求していきましょう。

質問の意図を分析!

○嘘偽りは不要。本当のところを教えてほしい
○どの条件が満たされれば、入社を決めてくれるか知りたい

profile
41歳・女性。大学卒業後、2つの証券会社リテール営業の役職として勤務。今回は3社目への転職で、異業種（クレジット会社）で同職種（リテール営業）に応募。

NG例

「まだ仮定の段階ですので、実際に内定をいただけましたら真剣に考えます」

POINT 面接官は必要があって質問しているので、答えを避けるべきではありません。

OK例

「正直に申し上げますと、現時点では必ずしも御社に入社するとは断言できません。もちろん内定が頂ければ、とても嬉しいですし、名誉なことだと認識しています。

ただ、景気の下降やDXの影響で、不本意にも退職を余儀なくされ、結果的に転職の回数が多くなってしまったことを反省しています。次回はしっかりと根を下ろし、じっくりと働きたいという強い気持ちがあります。特に前職は短期間で終わってしまったので、次のキャリアの選択はきちんと行いたいと思っています。わがままを申し上げて恐縮ですが、なにとぞご理解をいただけましたら幸いです。

御社では通常、内定通知後に2週間以内に返答するということを転職エージェントから聞きました。もし内定を正式に頂けるなら、その期間を使ってじっくりと考え、後悔のない選択をするつもりです」

POINT 言葉を丁寧に選ぶよりも、一貫して正直に伝える方が、堂々としていて面接官も納得してくれるでしょう。

業界・企業・業種への本気度が伝わる答え方④

独特な仕事のやり方をしていると面接官から言われたとき、大抵の人は驚いて言葉に詰まります。どういう回答をするのが良いのでしょうか。

当社の仕事のやり方はとても独特です。対応できますか?

この質問は、面接官が「何を独特だと言っているのか?」という戸惑いを応募者に与えます。この戸惑いの中で、臨機応変かつ的確な回答を返せるのかを見られていると思っておいてください。

同時に「自分のやり方に固執しすぎる人は避けたいのだけれど、あなたは大丈夫?」という懸念を解消してほしいと考えています。

つまり、応募者としては、ミドル層ならではの豊富な経験や培ったスキルを交えて、「長年慣れ親しんだ前職とは大きく異なる環境でも、安定して高いパフォーマンスを発揮できる」ということをアピールして欲しいと願っているのです。

例えば、「これまで日系企業だけでなく外資系企業でも複数の勤務経験があり、会社ごとに異なるアプローチがあることを理解しています。最初は戸惑うこともありましたが、今ではどんなやり方にも柔軟に対応できる適応能力を身があります」といった回答ができると理想的です。「転職して環境が大きく変わってもすぐに順応できるから安心してください」と面接官に伝えることができれば良いのです。

なお、「御社の○○は確かに独特ですね」といって、相手の言葉に乗る必要はありません。

質問の意図を分析!

○特異性を深く探究する必要はない
○フレキシブルな対応が可能か知りたい
○自分の手法に過度にこだわるタイプかどうか知りたい

profile
40歳・男性。大学卒業後に3社で勤務。
今回は4社目への転職となり、同じ業種・同じ職種への応募。

NG 例

「何が独特なのか把握できていませんが、
頑張って対応したいと思います」

POINT 「やる気PR」だけにならないよう、
臨機応変さをアピールしましょう。

OK 例

「対応できます。これまで3社での勤務経験がありますが、どの企業も同業他社とは異なるオリジナリティ溢れるやり方でした。自分から動かないと仕事が回ってこない職場もあれば、逆に自己判断で行動すると厳しく叱責される場所もありました。指示系統が頻繁に変更される職場も経験しました。

　しかし、それらの戸惑いを乗り越えて、うまく適応してきた自信があります。御社は主体的に考え行動し、自分のポジションを自ら創り出すことを求めています。私は同様の会社に勤務した経験があります。また、柔軟性と適応力に優れた性格でもありますので、御社のやり方に適応しながらも、自分自身の力を最大限に発揮できると確信しています」

POINT 「できます」と言った後に、企業研究の成果を示すことは必ずしてください。同様の経験や個人的な強みを通じてその成果を具体的に説明すると、非常に納得感が高まります。

47 転職回数や労働条件など、納得される答え方①

前職を辞めた理由は重要な選考ポイントですから必ず質問されます。
その問いに最適な回答をするためのヒントを紹介します。

前職を辞めた（辞める）理由を教えてください

　この質問に対しては、会社都合と自己都合の2つに分けて考える必要があります。

　会社都合の退職の場合、何ら問題ありませんので、遠慮せずに事実をありのままの詳細を面接官に伝えてください。（ただし懲戒解雇など、本人の不正行為が原因のケースは除きます）。例えば、「グローバル戦略の一環で管理部門が全てシンガポールへ移管され、転居ができない人は解雇されました」といった内容であれば、面接官も納得するでしょう。

　一方で自己都合の退職の場合、短絡的で自己中心的な理由（残業が多い、休みが取れない、職場の雰囲気が悪いなど）は、社会人生活が長くて常識的なミドル層では少ないと思われます。

　そんなミドル層の会社都合退職の中で多いのは、会社から退職をすすめられたり、意図しない人事異動を経験したり、理不尽に給与を下げられたりなどのネガティブなことに起因するケースです。

　ただし、それだけを伝えてしまうと、「この人は大丈夫なのだろうか？」と面接官にマイナスの印象を与えてしまいます。後述のOK例のように、ネガティブ要素を克服するための努力や今後の意欲でフォローし、面接官に納得してもらうことが重要になります。

質問の意図を分析！

○誤魔化さずにきちんと納得させてほしい
○ネガティブな要素での退職の場合、詳細を教えてほしい

profile
41歳・男性。大学卒業後に2社で働いた経験あり。
今回は3社目への転職で、同業種・同職種への応募。

NG例

「（事業部が廃止され、全員解雇されて）非常に恥ずかしい話ですが、私の能力不足のせいもあり、会社から解雇されました」

POINT このような回答では、応募者自身の能力不足によって解雇されたと誤解される可能性があります。

OK例

「3ヶ月前に転勤を命じられ、家庭の問題があって応じることができず、退職を決断しました。

家族の教育や義父の介護など、転居はもちろん単身赴任も難しいとの結論に至りました。

会社には事情を伝え、柔軟な対応をお願いしましたが、熊本での赴任は必要だと言われました。

前職の業務には非常にやりがいを感じ、一定の評価もいただいたので、なんとか続けたいという気持ちもありましたが、退職を決断した以上、次に進むしかありません。

私にとっては、家庭の問題が働く上で最も重要な要素ですので、御社のように1都3県の都市部に支店展開している企業であれば、安心して働けると思い、応募いたしました」

POINT ネガティブな退職要因でも包み隠さずに話す方が得策です。その上で、やむを得なかったという納得性を伝えることがポイントです。

48 転職回数や労働条件など、納得される答え方②

あいまいな回答をすると、別の角度から改めて質問されることがあります。
それをチャンスにする方法をご紹介します。

 その理由なら退職する必要はない (なかった) のでは？

すでに答えた回答に退職理由について、さらに面接官が明確さを求めるとき、あなたが語った回答に満足していないことを意味します。納得できる答えが知りたいのです。

ここで求められているのは、抽象的な表現を避けて、具体的で説得力のある辞める理由です。面接官は会社を辞める正当性をしっかり伝えてほしいと望んでいるわけです。

したがって、「外から見れば解釈の余地があるかもしれないが、実際には耐え難い状況だった」という事実を、より深く理解しやすく伝えなければなりません。

例えば、「私が前職に不安に感じて退職したというだけでは説明が不十分だと理解しています。前職の財務状況の悪化を具体的に語るのは適切ではないと考え、抽象的に述べてしまいました。実際には、前職では負債超過の状況で、取引先への支払いが遅延している状態でした」と、前回の回答内容をしっかりフォローしつつ、さらに詳細に話すことが求められます。「これはまずい回答をした」というピンチではなく、面接官の疑問や不信感を解消する絶好のチャンスです。

「何度聞いても納得できない。何かを隠しているのではないか」と思われないように、詳しく丁寧に説明しましょう。

質問の意図を分析！

○もっと具体的に説明して納得させてほしい
○さっきの繰り返しは避けてほしい

profile
41歳・男性。大学卒業後、都市部に住んでおり、これまでに2社で勤務。今回は3社目への転職で、同じ業界・職種への応募。

NG例

「重複する部分があり申し訳ありませんが、退職理由を再度説明させていただきます。先に述べた通り〜」

POINT 面接官が納得していないために質問をされているので、同じ説明を繰り返すのは良い策ではありません。

OK例

「ご指摘通り、一見すると辞める理由がなさそうに見えるかもしれません。先ほど家庭の問題を述べましたが、ここでそれについてさらに補足させていただきます。

　まず、子供の教育については、私自身と妻も転校を繰り返した経験があり、その結果、良い記憶がありません。長女と長男は思春期で難しい時期にあり、今転校させるのは適切でないと考えました。

　次に、義父の介護については、介護サービスが提供されていない時間帯には付き添いが必要で、既に亡くなった義母の代わりに妻がその役割を果たしています。私も家に帰った後や休日に手伝い、家族全員でこれを乗り越えようとしています。家族が私の全てであり、仕事もその一部であるため、不本意ながら退職を決断しました」

POINT 面接官からのフィードバックを適切に受け入れることは基本中の基本です。その上で、以前の質問で触れられなかった詳細に深く入っていくことで、退職の理由が正当であることを証明していきます。

49 転職回数や労働条件など、納得される答え方③

採用後の入社時期は、受け入れる企業側からするとカギになる要素です。
予定と調整法を理解し、スムーズな移行を心がけましょう。

 question

当社とご縁があった場合、いつ入社できますか？

失業中なら、「はい、すぐに出勤可能です」と即座に回答すれば問題ありません。

しかし、失業中であっても、「おそらく入社は1ヶ月後になるでしょう。充電期間を持ちたいと思っていますので」といったのんびりとした危機意識のない回答は避けるべきです。

在職中の人は、もう少し答え方に工夫が求められます。例えば、「内定をいただいたら、きちんと考えます」だったり、「まずはパートナーとじっくり話し合いたいと思います」といった、あいまいな答えはやめておいた方が良いでしょう。本当に転職したいのかという入社意欲が感じられず、

せっかくの内定のチャンスを逃す可能性があるからです。

一方で、無闇に自信過剰な発言も適切ではありません。例えば、「いつでも大丈夫です、御社の都合に合わせます」といった答えは、「現在の職場の業務を真剣に取り組んでいるのか」、「ちゃんと引継ぎを行わずに辞めるような人なのか」という疑念を面接官に抱かせてしまいます。

在職中であれば、すぐに入社することは不可能というのは面接官も承知しています。退職から新たな企業への入社までに必要なリアルな時間を、以下の「OK」の例のように、しっかりと詳しく説明してください。

質問の意図を分析！

○具体的に入社可能な日付と、その理由を明確に教えてほしい

○「すぐにでも入社可能です」と在職中に言わないように

profile
38歳・女性。大学卒業後、新卒で入社した会社に勤めている。今回は初めての転職で、同業種・同職種への応募（勤務地を大阪から東京へ変更）。

NG例

「内定のタイミング次第だと思います」

POINT ここでの回答は、あいまいな表現を避け、入社意欲を示すことが重要です。

OK例

「内定をいただいてから、約1ヶ月半で入社できると考えております。現職での退職手続きには、自主退職の場合は1ヶ月前に通知することになっています。私が現在担当している業務には特に退職による影響はありませんので、円滑に引継ぎを行い、スムーズに退職できると思っています。

この1ヶ月半のうち、半月は引越しの手続きに必要と考えています。転職と共に住所も変更になるため、大阪から東京への移住と、子供の転校の手続きなどにおよそ2週間かかると予想しています。

いずれにせよ、私は強く御社で働きたいと考えていますので、もしこのタイムスケジュールが御社の期待に合わない場合は、もう少し早く退職する方法を考えたいと思っています」

POINT この例の重要なポイントは、答えをあいまいにせず、具体的な時系列で事情を詳細に説明することです。入社意欲を面接官に伝えることも大切ですので、その点にも触れると良いでしょう。

転職回数や労働条件など、納得される答え方④

転職回数の多さは重視されます。転職回数が多い伝え方や対処法を探り、より深い理解を目指しましょう。

question 転職回数が多いようですが、そのことについてどうお考えですか？

　稀な例外、たとえば外資系企業のような場所を除けば、ミドル層で転職の回数が多いというのは、否応なしに不利とされます。

　そうは言っても、これが現実ですから隠せませんし、「前職では業績が振るわずに退職するしかなく、その前の職では上司の理不尽な命令に全員が不満を持っていて」などといった具体的な退職理由を一つひとつ語られても、面接官としては聞いていて辛くなってくるでしょうし、長くなればなるほど愚痴っぽく聞こえてしまう可能性もあります。

　多くの転職履歴がある場合、面接官が最も心配するのは、「当社に入ってもすぐに辞めてしまうのではないか？」ということです。だから、「たまたまこれまで在籍していた会社と相性が合わなかっただけなので、次は問題ありませんよ」と彼らに信じてもらえる回答ができるかどうかがポイントです。

　まずは、何回も転職した理由について、自分なりの分析や反省を述べ、それから新たに応募先の企業で一心不乱に働く決意を表明してください。「私にとって、ここが最後のチャンスです。チャンスをいただければ、全力を尽くして働きたいと思います」という意気込みを見せること。それが面接官の願いであると理解しましょう。

質問の意図を分析！

〇言い訳はせずに、転職が多い理由やそれの分析と反省、これからの決意を聞かせてほしい

profile
53歳・男性。大学卒業後、今まで7社で勤務。
今回は8社目への転職で、同業種・同職種への応募。

NG例

「たまたま相性が合わず転職が増えてしまったのが正直なところ
です。新卒で入社した会社では、上司との相性が悪くて〜」

POINT それぞれの職場での退職理由を一
つひとつ語るのは避けてください。

OK例

「現在までに7社で働いてきましたが、自分自身でも転職回数が多
いと自覚しています。若い時期、特に30代前半までは、自分が望む
ことに集中して、それが実現しないとすぐに辞めて次の場所を探す、
というパターンを繰り返していました。

　しかし、今は50代になり、前職では若い社員の面倒を見る立場
になって、自分がどれだけ自己中心的に振る舞っていたのか痛感し
ています。

　正直に言って、転職回数の多さが今回の転職活動にとって障害
になっており、かなり厳しい状況に置かれています。

　もし、御社で私を迎え入れてくださるのであれば、身を粉にして
働く覚悟です」

POINT 転職の回数が多いという事実は否
定的に評価されますから、口実を並べても
不愉快に感じられるだけです。自分の視点
が変わったことや、今抱いている切実な思
いを強くアピールすることが必要です。

転職回数や労働条件など、納得される答え方⑤

希望給与額の提示は転職活動の大事な要素。
その交渉法についての実用的な方法をお伝えします。

希望する給与額を教えてください

　言うまでもなく、希望する給与額を何の根拠もなく申し出るのは望ましくありません。現在の（もしくは以前の）職場と応募先の仕事内容や役割、求められる職務などを比較し、適切な金額を導き出しましょう。

　さらに、求人情報に年収（例：「年俸400万円〜600万円」）が記されている場合、その範囲内で回答することが定石です。その上で、なぜその給料額を要望するのか、明確な根拠を示す説明をしましょう。

　例えば、現在年収が400万円で、希望年収を520万円に設定した場合、その120万円の差がどこから発生したのかを具体的に面接官に伝えなければなりません。「今回の求人は営業部長職です。プレイヤーとマネージャーの双方の役割を果たすことが求められます。そのマネジメント部分に10万円/月を割り当て120万円として加算させていただきました。これは前職の部長手当を参考にしました」と、具体的な根拠を数字で示しましょう。「御社の規定に従います」といったあいまいな回答はNGです。

　給与額については質問されたから答えるだけのことで、「無理に金額を挙げるのは無礼では」「図々しいと思われてしまうのでは」と過剰に気を使う必要はありません。

質問の意図を分析！

○当社が設定した給与額に一致しているか確認したい
○その金額の理由を分かりやすく解説してほしい

profile
39歳・女性。大学卒業後、新卒で入社した会社に勤めている。
今回は2社目への転職で、同業種・同職種への応募。

NG例

「再就職がとても困難で、御社で働けるなら
何でも構いません」

POINT 必死さを示すだけでなく、具体的
な見解を述べてください。

OK例

「はい、できれば現職と同等の給与を希望しています。現在の年俸
は650万円で、基本給が月30万円、夏と冬のボーナスがそれぞれ2
ヶ月分で合計480万円、残りの170万円が成果給となっています。

　基本給部分はそのままにし、今回応募した営業所長職では、16
名のスタッフを管理するという大きな責任が伴うことから、これに
相当する成果給部分を考慮していただきたいと思います。

　求人情報に掲載されていた600万円～800万円の範囲に入ると
思いますので、この金額を提示させていただきます。

　ただ、まだ会社に対して何の貢献もできていませんし、私自身こ
の所長職に就きたいという強い意志があるので、会社の方針にも
柔軟に対応するように致します」

POINT ざっくりとした希望額を提示する
よりも、詳細な計算過程を述べることで説
得力が増します。また、希望額にこだわる
のではなく、柔軟に対応できる姿勢を見せ
ることが重要です。

転職回数や労働条件など、納得される答え方⑥

希望給与額の提示は転職活動の大事な要素。
その交渉法についての実用的な方法をお伝えします。

Q 現（前）職より給与が下がりますが、大丈夫ですか？

　暑苦しく思われるかもしれませんが、ここは提示された金額を受け入れ、「入社後は全力を尽くし、御社から最大級の評価を受け、現状以上の報酬を得るよう努力したい」という、現状に甘んじない志と、純粋な決意を情熱的に伝えるようにしましょう。

　正直なところ、給与額が下がることを受け入れるのは難しいでしょう。しかし、「私が御社の店舗の店長になりたいと強く思っているから、お金はそれほど重視していません」だとか、「現職はとてもハードで長時間の業務だったからこそ残業代が高かったので、今回、給与が下がるのは当然だと考えています」などと、今回提示され

た金額を受け入れた理由を納得できる形で説明して欲しいと面接官は望んでいます。それに応えることで、あなたに対する心証は良くなるでしょう。

　なお、求人情報に「経験・資格・能力などにより決定」とある場合、採用側で確定的な給与を考えていない可能性があるので、交渉の余地はあります。

　もし給与額を少しでも多くしたいということでしたら、あなたの豊富な経験やスキルを含め、今回引き受ける重い責任などを交えてアピールし、少しでも高い報酬を得られるように努力してみてください。

質問の意図を分析！

○現状に満足せず、より高みを目指す熱意を感じさせてほしい
○もしまだ議論の余地があれば、再び自分を売り込んでみてほしい

profile
43歳・男性。大学卒業後、新卒入社した企業（東証プライム上場）に勤務中。
今回は2社目への転職で、現職より小規模な同業種企業の同職種に応募。

NG例

「はい、問題ありません。現在、年齢がネックとなって転職が難しく、条件を下げざるを得ないと理解しています」

POINT 「仕方なく下げざるを得ない」という回答では、明らかに不利な印象を与えます。

OK例

「今回の転職では給与が下がることを覚悟しており、給与よりも御社で働くことを優先したいと思います。

　給与は高いに越したことはありませんが、前職では業界大手で年功序列だったので、21年間働いていたからこそ、それなりに高額な給与が支払われる体制でした。

　私はまだ御社で働いておらず、何も貢献していないので、あまり文句を言える立場にはありません。

　ただ、もし入社させていただけるなら、絶対に期待以上の結果を出すつもりです。そうすれば、会社からの評価が上がり、給与も自然と上がるだろうと思います」

POINT 減額提案を受け入れることが大前提であると同時に、その理由を述べ、最後に入社後の決意と努力について述べるのが、回答の構成として最適です。

53 転職回数や労働条件など、納得される答え方⑦

これから入ろうとしている会社の前任者の問題を突きつけられたとき、
どう回答しますか?この問題についての見解と対策を探っていきましょう。

 先月、今回と同じポストで、能力不足を理由に退職させられた人がいました。どう思いますか?

　会社から求められているパフォーマンスを発揮できない場合に退職に至るのは、当たり前なことです。

　しかし、この質問をされたときに大切なのは、冷静さを保ちつつ適切に対応することです。
「たとえ厳しい現実が待っていたとしても、私はそれを克服し、貴社で全力を尽くしたい」という強い意欲を伝えましょう。

　ただし、「そうはならない」と言うだけではなく、その根拠も提示するべきです。
「ただ努力します」と言うだけでは、印象が薄いだけで終わってしまいます。

　また、「私は他の人とは異なるため大丈夫です」、「私は優れたスキルを持っているので絶対にそのようにはなりません」という安易で抽象的な言い方では、根拠が不十分なので、面接官の心に刺さらないでしょう。

　例えば、「前職では、毎年厳しい目標が設定され、その目標を達成できなければ退職を余儀なくされるという厳しい環境で働いていました。しかし、自分なりのPDCAサイクルを作り、一定以上の結果を常に出し続けたため、10年間安定して働くことができました」というように、具体的な経験を話すことで、信憑性を高め、あなたの持つポテンシャルをアピールできます。

質問の意図を分析!

○冷静に「自分がそうならない」理由を伝えてほしい
○「がんばります!」だけのぼんやりした精神論は不要

profile
43歳・男性。大学を卒業後、初めて入社した会社に勤務中。
現在は2社目への転職で、同じ業界、同じ職種（営業部長）に応募。

NG例

「それは厳しいですね……。確かに私は貴社で力を尽くす気持ち
はありますが、同じ運命をたどらないとは簡単には言えません」

POINT 動揺してしまうこともあるでしょ
うが、その後に「そうならない」という決
意を力強く加えることが重要です。

OK例

「なるほど、そのような事態が先月起こったのですね。詳細がわか
らないので一概には言えませんが、他人事ではないと感じています。
　しかしながら、私自身も成果を上げられなければ在籍できない
という厳しい環境で約20年間働いてきました。今回の応募内容を
見て、私のこれまでの経験とスキルがそのまま活かせると感じてい
ます。
　退職に至るような結果になってしまった場合、それも仕方ないと
思っています。しかし、今のところ私の頭の中には、貴社に入社した
後で、どのように第一営業所全体の売上を上げていくかということ
だけがあります」

POINT 他人事ではないという自覚をもち
つつ、それでも自分にはできるという自信
を表現するのが最善の策です。また、最後
にネガティブな話題をポジティブな方向に
シフトするのも、非常に効果的な方法です。

圧迫系の質問への答え方①

若手と仕事をするときに必要とされることとは何か。この質問の背景にあることを掘り下げて、これに対応するための心構えと戦略を探ります。

Q question 当社はあなたより若い社員が多いので、やりづらいと思いますよ

このようなプレッシャーのある質問に対しては、決して感情的にならずに論理的に反論していくことが求められます。

確かに世代間のギャップがあると、仕事をする上で物事がスムーズに進まない部分もあるでしょう。しかし、「以前の仕事では20代の社員と協力して業務を進めてきました。その経験から、若手の思考や行動パターンを理解しています。だから大丈夫です」というような、これまで経験してきた若手との仕事経験やエピソードを引き合いに出して、問題ないことをアピールしてください。

ミドル層として、あなたが「若手と楽し

く過ごす」よりも、「彼らの模範となり育成の指導をする」役割が求められます。この点も念頭に置いておくと良い回答ができます。

例えば、「確かに若手と楽しく過ごすのは大切ですが、ただの仲良しクラブで終わってはなりません。彼らはまだ経験が浅く、我々が仕事の進め方やプロフェッショナリズムを示す必要があります」といったアプローチです。また、「女性が多い職場はやりにくいですか？」という似たような質問も出されるかもしれません。いずれにしろ、どんな人々に囲まれても柔軟に対応できる環境適応力があることを証明しましょう。

質問の意図を分析！

○ただの「問題ありません」ではなく、具体的な根拠がほしい

○若手の育成が重要という点について、きちんと認識しているか知りたい

profile
45歳・男性。大学卒業後、新卒入社した会社に勤務中。
今回は、2社目への転職で同じ業界・同じ職種に応募。

NG例

「若者と楽しく過ごすのが大好きなので、
まったく問題ないです」

POINT 企業はただ単に若者と遊ぶ人を求
めているわけではありません。

OK例

「おそらく難易度が高い面もあるでしょう。10年、20年も年齢差が
あれば、思考や価値観が違うのは当然です。

　しかし、これは仕事であり、若者であろうと女性であろうと、「合
わないからやりづらい」では進歩がないことを理解しています。

　前職では、我々とは違うペースを持つ若い社員と働く経験があり
ました。

　彼らと関わる中で、自分たちの価値観を押し付けることなく、彼
らの視点も尊重しつつ一流のプロフェッショナルに育てることが、
我々の世代の責務だと学びました。

　ぜひ新たな職場でも、この役割を積極的に果たしたいと思いま
す」

POINT 質問者の指摘を一度は認めつつ、
自身の主張を展開して反論するのは、圧迫
的な質問に対処する上で重要です。「問題
ない」と一方的に述べるのではなく、育成
という付加価値をアピールすることで、入
社後の期待を高めましょう。

55 圧迫系の質問への答え方②

マネジメント経験を求められるミドル層の転職活動。
経験がないときの考え方と戦略を探ります。

 いい年齢なのにマネジメント経験がありませんね?

　ミドル層の人に対しては、マネジメント能力を見せてほしいという求人が多く、このような質問は頻繁に出ることを覚えておいてください。

　ここでは、応募者が公式なマネジメント経験を持っていないことを仮定しています。そのため、その事実があるかのような話をするのは控えてください。

　ただし、公式ではないマネジメント経験、例えば一般社員や主任でありながら、ささやかなリーダーとして小規模のプロジェクトを統括した経験がある場合、それをアピールすることは非常に効果的です。

　さらに、○○課長や△△マネジャーといった管理職についているけれど、実際にはマネジメントを一切行っていない「肩書きだけの管理職」のケースも存在していることは面接官もよく理解しています。

　これらの事例を出して、「私は実践をともなっています」と話を進める方法もあります。

　もちろん、これらに類似する経験がまったくないこともあるでしょう。その場合は、自己のスキルや知識をアピールした後、もし機会があれば積極的に挑戦したいという意欲と、自分が目指すマネジメントスタイルについて熱意を持って話すようにしてください。

質問の意図を分析!

○似たような経験があれば、それを教えてほしい
○何も経験がない場合でも、将来に向けての積極的なプランについて話してみてほしい

profile
44歳・男性。大学卒業。これまでに2社で勤務。
この度は3社目への転職となり、同業界・同職種（店舗販売員）を志望。

NG例

「実は昨年、課長に昇格する話があったのですが、
結局それは流れてしまいました」

POINT 課長昇格への打診があったエピソードは良いですが、これでは面接官はマネジメントスキルの有無を判断できません。

OK例

「すでに44歳になりましたが、まだ組織的な管理職経験はありません。そういう意味では、マネジメントの経験はないと言えるでしょう。

　しかし、前職では特定の役職名はありませんでしたが、店長がいないときには私が店を運営し、アルバイトや店員のシフト管理から発注、売上管理まで全てを行っていました。

　3年前から店長が他の3店舗も兼任するようになり、店長の不在が増え、私の役割は大きくなりました。

　新入社員やアルバイトの教育も私が行っていました。特に若いスタッフには、『働くとは何か』から始め、店内のマナーやディスプレイのコツなど、細かく指導してきました。マネジメントに関する基礎的なスキルと意欲は持っています。もし、御社で管理職のチャンスがあれば、積極的に挑戦したいと考えています」

POINT 「ない」場合でも、非公式の類似経験を詳しく説明することが、模範的な回答となります。

圧迫系の質問への答え方③

長期間の勤務に見合った実績が欠けていると言われたら？ 小さなことでも実績に見せることで面接官を納得させるやり方について見ていきましょう。

○○年も働いているのに、相応の実績を残せていないのですね？

　この質問に対して、「特に実績はありません」と、簡単に話を終えてしまうのは適切ではありません。他の圧迫的な質問と同様、先ず指摘を受けた後に、その証拠を否定する必要があります。

　最も頭を悩ませる証拠の要素ではありますが、例えば、地味でも続けていることがある場合、「毎年の目標を必ず達成してきたわけではありませんが、全ての営業部員の中で平均以上の数字を安定して維持してきました」、「きちんとした性格のため、業務の正確さには評価があり、過去5年間ではミスは一度もありません」といったアピールが可能です。また、「特定の重要地域、○○地区の担当を任された経験があります」や「現在ヒットしている△△製品の××部分の開発に少しだけ関わったことがあります」といった一度きりの経験でも効果的にPRできます。

　各人が役割を持ち、全員がスーパースターではないことを面接官も理解しています。自分自身にふさわしい実績を見つけて、それを強みとして打ち出していってください。

　なお、「ネガティブ要素を未来に向けてポジティブに改善する」というのは、面接対応の基本ですが、この質問に対する回答としては、若手ではないので難しいかもしれません。

質問の意図を分析！

○**数値的な成果でなくとも、あなたの成果を教えてほしい**
○**「これからの努力」ではなく、これまでの結果に焦点を当てて話してほしい**

profile
40歳・女性。大学卒業。今までに2社で働いた経験あり。
現在は、3回目の転職を計画中で、同じ業界・同じ職種への応募を検討中。

NG例

「確かに、現在大きな実績はありません。しかし、これから
御社で頑張って成果を上げたいと思います」

POINT ミドル層が「これから頑張る」と
言うのは、あまりにも説得力がありません。

OK例

「はい、大きな実績を誇ることはできませんが、小さな成功はいく
つかあります。

　具体的には、前職では私が担当した事務用品の購入に関して、昔
からの取引先との無担保契約ではなく一部競争入札制度を導入し、
その領域の支出を年間で約10万円節約しました。

　また、最近では総務部の節電推進の責任者として、周囲に節電
を促し、部内での定着を図りました。数値にすることはできません
が、今では全員が節電を意識して行動していると感じます。

　大きな成果を上げるタイプではないかもしれませんが、私は着実
に業務に取り組むことで、小さな成功を積み重ねてきました」

POINT 些細な成果でも、何もないよりは
ずっと良いです。何らかの成果を示すエピ
ソードを共有しないと、「この人をミドル
層として採用する意味がない」と判断され
てしまう可能性が高いです。

圧迫系の質問への答え方④

退職後の長いブランクの理由は何でしょう？
その解釈と説明法を詳しく考えていきましょう。

退職から半年以上経っていますが、なぜ転職が決まらないのでしょうか？

　ミドル層の場合、退職してから半年以上きちんと転職活動をしていなかったら話になりません。

　もちろん、真剣に取り組んでいたとしても、このような厳しい質問は、気持ちに重くのしかかることでしょう。

　しかしながら、気落ちせずに堂々と、これまでどのように活動してきたか、そしてなぜ求職がうまくいかなかったのかという自己分析の2点について、明確に伝えなければなりません。

　例えば、「私かに私は現在、内定をいただいているわけではありませんから、このような質問をいただくのは当然といえるで

しょう。年齢がハードルになっていることは確かですが、それでも可能な限り多くの求人に応募しています。おかげさまで過去半年で約40社に応募し、そのうち2社で最終面接まで進むことができました。まだ結果は出ていませんが、決して手を抜いているわけではありません」と、現在の進捗状況や具体的な数字、そして進歩の証をしっかりと伝えていきましょう。

　また、なぜ成功しないのかという失敗分析にもきちんと焦点を当ててください。例えば、「私が志望している○○の職種には、元々求人が少ない」といった客観的な理由を述べると良いでしょう。

質問の意図を分析！

○具体的なアクションと失敗の理由を教えてほしい
○たびたび落ち込まれでも暗くなるだけなので、前向きな気持ちで話してほしい

profile
48歳・男性。大学卒業後、新卒で入社した会社に勤務中。現在は2度目の転職活動で、同じ業界・同じ職種を目指している。

NG例

「確かに今は連続して不採用ですけれども、常に私は真剣に転職活動を行っています。これからもより積極的に応募し、全力で努力し続けたいと思います」

POINT ただやる気があるだけでは不十分です。具体的な行動と失敗分析を明確に述べましょう。

OK例

「結果が出ていないことは認めます。そう見られても仕方がありません。初めは前職での経験が活かせる職種や給料にこだわっていましたが、現在はその範囲を広げ、関連職種まで応募を広げています。

　特に、この年齢ではほぼ必ず管理職経験が求められるものの、私にはその経験がなく、これが大きな壁になっています。

　しかし、3社ではよいところまで話が進み、そのうち1社からは条件さえ整えば入社してほしいと言われました。条件に合わせることができずに話が流れてしまったのは残念ですが、これ以上求職期間が長くなると状況はさらに厳しくなるでしょう。

　最善の努力を尽くす覚悟です。この面接の機会を大切にしたいと思っています」

POINT 転職活動の具体的な取り組みと、自分自身で分析した失敗の理由を述べた後、前向きな発言やこれからの決意、覚悟で話をまとめると非常に効果的です。

圧迫系の質問への
答え方⑤

面接時の最後にする質問はチャンスです。
有意義な質問で面接官に強い印象を残しましょう。

question Q 最後に、何か質問はありますか？

　面接の最後に、面接官から「何か質問はありますか？」と尋ねられます。

　ここでは、求職先企業や仕事について、特に入社した場合を想定して質問するのが定石です。例えば、「もし私がここに入社するとしたら、どんなチームと一緒に仕事をするのでしょうか」、「この役職についた人に何を期待しますか」、「この業務はどこまで含まれるのですか？」といった感じで質問してみてください。

　一方、「社風はどんな感じですか？」とか、「入社する前に準備しておくべきことは何ですか？」といった、思いつきで出した質問や、「実際にはどれくらい給与をも

らえるのですか？」、「ボーナスは入社後にどの程度受け取れますか？」といった待遇に関する質問は、ここでは避けてください。

　「特に質問はありません」も好ましくありません。質問の機会を無駄にするのは損です。また、あなたが意欲に欠けているように思われるかもしれないからです。

　全体的に面接があまりうまく行かなかったとしても、この逆質問で面接官の評価が上がることもあります。

　だから、事前に複数の質問を考えておき、面接の状況に応じて適切なものを選ぶようにしてください。

質問の意図を分析！

○本当に当社や業務に関心があるなら、何か知りたいことがあるはず
○いきなり給与や待遇について質問するのはやめてほしい

profile
42歳・男性。大学卒業後、新卒で入社した会社に勤務中。
今回は2社目への転職で、同業種・同職種を志望。

NG例

「特に質問はありませんが、この機会に再度自己PRをさせていた
だきます。私は先程も述べましたが、約20年間で現場での経験を
積んで～」

POINT 質問の趣旨から外れる話をすると、
あなたのコミュニケーションスキルが疑問
視されるかもしれません。

OK例

「私がここに入社した場合、どのようなメンバーと働くことになるで
しょうか？ 可能であれば、そのチームの人数やメンバーの特性など
を教えていただけますか？」

「前の職場ではセールスマネージャーとして、営業スタッフだけで
なく、営業事務も管理する範囲でしたが、今回のポジションでも同
様ですか？」

「求人情報では詳細が明らかではなかったので、お尋ねします。こ
の輸出入部門では、配送手配も担当するのでしょうか？ 前の職場
では物流会社に外注していましたから」

「（面接官の回答に対して）それならば、××も業務範囲に含まれ
るということでしょうか？」

POINT こちらからの質問に対する面接官
の回答に対してさらに質問を重ねるのもや
る気をアピールする上で有効です。

不満な場合に全額を返金する保証制度を起業時から導入、19年を経過した現時点で返金事例はたった1件という満足度の高い支援を実現している（現在は廃止）。

東大や慶應大卒の一流企業社員、米国MBAホルダー、公認会計士、大学教授、フランス人CEOといったエグゼクティブ層から、大学生、高校生、ニート・フリーターまで幅広いクライアントの就職・転職を支援している。大連（中国）、香港、シンガポール、ボストン、ロンドン、南スーダンなど、海外からのオファーにも対応。複数の大学のキャリアセンターに所属し、多くの大学生の就職支援の実績もあり。

また、社会保険労務士として、採用コンサルティングの経験も豊富。人事部長として企業人事を一任されるケースも多数。生々しい採用現場や面接シーンにも数多く立ち合い、企業側が応募者に何を求めているのか（何は求めていないのか）を熟知。

人材を送り出す側と受け入れる側の両面を知り尽くした、日本では数少ない就活＆転職の「パーソナルキャリアコーチ」であり、NHKや読売新聞、リクルートの転職媒体での転職関連の取材、「マイナビ転職」で激辛面接官を務めるなど、マスコミ掲載実績も数多い。

著書に『20代～30代前半のための転職「面接」受かる答え方』、『30代後半～40代のための 転職「書類」受かる書き方』、『30代後半～40代のための 転職「面接」受かる答え方』（秀和システム）などがある。

◎中高年の転職の悩み相談室
https://chuukounen.com/

中谷充宏（なかや・みつひろ）

就活・転職のパーソナルキャリアコーチ。
キャリアカウンセラー（キャリアコンサルタント）。社会保険労務士。行政書士。

同志社大学法学部卒。新卒入社したNTT（日本電信電話株式会社）、NTTコムウェアでリクルーターを務めた後、転職（1社）を経て平成16年に職務経歴書の作成代行をメイン業務とするキャリアカウンセラーとして独立。

無料で行う人材紹介会社や行政機関などと異なり、依頼者が直接報酬を支払う「クライアント課金型方式」によるマンツーマンの転職サポートを行う。そのため依頼者から非常に高いレベルを求められるが、理由を問わず結果に

Creative Staff
●編集/浅井貴仁（エディットリアル株式會社）
●執筆協力/長沼良和
●デザイン/田中宏幸（田中図案室）

40歳からの転職成功メソッド
自己の価値を高める戦略的な準備と対策

2023年9月15日　　第1版・第1刷発行

監修者　中谷充宏（なかや みつひろ）
発行者　株式会社メイツユニバーサルコンテンツ
　　　　代表者　大羽孝志
　　　　〒 102-0093 東京都千代田区平河町一丁目 1-8
印　刷　株式会社厚徳社

◎『メイツ出版』は当社の商標です。

●本書の一部、あるいは全部を無断でコピーすることは、法律で認められた場合を除き、著作権の侵害となりますので禁止します。
●定価はカバーに表示してあります。
©エディットリアル株式會社,2023.ISBN978-4-7804-2823-0 C0034 Printed in Japan.

ご意見・ご感想はホームページから承っております。
ウェブサイト　https://www.mates-publishing.co.jp/

企画担当:千代 寧